Калоян Христов

(Крис Харт)

БЕЗДОМНИК

Калоян Христов

(Крис Харт)

БЕЗДОМНИК

Бездомник
Автор: Калоян Христов (Крис Харт)
Вътрешно оформление и предпечат: Елка Бърдарова
Градичен дизайн корица: Frina Art
Илюстрации: личен архив, canva.com
Първо издание 2025
Всички права запазени

Печат: lulu.com

ISBN 978-1-300-60627-7

Говорил ли си някога със скитник..?
Пропадналият тип на тротоара...
Отписаният вече... Пътник...
Бездомникът... Изгубил вяра..!

Попита ли го как се случи?

Калоян Христов
Chris Heart

Скитник...

Роден съм във държава, във която...
Животът се превърна в Ад...
Политиците си трупат злато...
А Народът ми... Изпитва глад..!

Загубих стимул и надежда...
Захвърлих всякаква мечта...
Разбрах... Страната се изцежда...
От алчни гадове... Властта..!

Останал бях сирак в държава...
В която беше... Моят дом...
Спах по пейките... На плажа...
Дори във храсти... За подслон..!

Днес... От нея съм далече...
Напуснах родната страна...
Но спомена остава вечен...
Кървяща рана... В моята Душа..!

Реших... По пътя да поема...
По който бях... Отново сам...
Аз нямах и какво да взема...
Дори Душата си... Оставих там..!

Уморен от скитане съм вече...
Забравих... И какво е дом...
Блъскам и работя надалече...
За една храна... И за подслон..!

Забравих... И Любов какво е...
Всичко изведнъж се промени...
Единствено... Душата си е моя...
И знае как и колко ме боли..!

Не се оплаквам... Няма смисъл...
Пътят на Живота си избрах...
Миналото вече съм отписал...
И времето... Което пропилях..!

Живот ли бе..? Съдба ли..? Орисия...
Да скитам без посока по Света...
Душата си поднесох на тепсия...
С надежда, че ще срещна... Любовта.!!!

Калоян Христов
Chris Heart

Домът на Душата...

Скитах се по пътя на Живота...
Търсейки... Душевен храм...
Търсих го във всеки на Земята...
Но винаги оставах... Неразбран..!

През хиляди врати преминах...
Пред още толкова се спрях...
Безбройно повече подминах...
Но храм душевен... Не видях..!

Бродих през годините и скитах...
Заспивах и се будих без подслон...
Какво ли не направих и опитах...
За Душата да намеря... Дом..!

Влюбвах се по пътя... И обичах...
Чувствах се уверен и готов...
Глупаво... Наивно я обричах...
Вярвайки... Във вечната Любов..!

След това се губих и прибирах...
Скривах се сред гъстите мъгли...
Душата си разкъсана събирах...
Лекувах я... Да спре да ме боли..!

Заключих я във мен, като затворник...
Скитах се изгубен и кървях...
Живях, като отшелник и бездомник...
В търсене на храма... Остарях..!

Дни и нощи... Бродих и се скитах...
Преследвайки мечтата и целта...
Само болка и страдание изпитах...
Когато бях... Далеч от Любовта..!

По пътя си до тук... Научих...
На Душата си да давам... Свобода...
С търсене на храмове... Приключих...
Душевният й Дом... Е Любовта..!

В лутане... Живота си изгубих...
Най-хубавото време... Пропилях...
По-важно е, че вече се събудих...
И с Душата си... Отново заживях.!!!

Калоян Христов
Chris Heart

Обичам честните играчи...
И приятели... И врагове...
От лицемери...
И от подмазвачи...
Усещам, че ми става...
Зле..!

Калоян Христов
Chris Heart

Пред Дявола и Бога...

Пред Дявола и Бога днес заставам...
И двамата в очите ще ви гледам...
Сърцето си разкъсано ви давам...
С Душата си... Към вас ще се протегна..!

Изправен и открит ще ви попитам...
„Кога за мен ще дойде края"..?
От двамата, на кой ли да разчитам..?
Душата ми поне... Да види Рая..!

Ето ме... Пред Вас... Защо мълчите..?
Сърцето и Душата си ви дадох...
Погледнете..! Погледнете ме в очите...
Запазих ги за Вас... Не ги продадох..!

Пред двама ви... Аз днес застанах...
Но няма да ви падна на колене...
Душата и сърцето си ви дадох...
Греховете ще запазя... Все за мене..!

Тръгвам си от вас, но запомнете...
Че има хора на земята...
Които си живеят с греховете...
Запазили сърцето... И Душата.!!!

Калоян Христов
Chris Heart

Здравейте безгрешни... Здравейте...

Здравейте, безгрешници мили...
Здравейте, съветници скъпи...
Къде сте..? Къде сте се свили..?
Идеални... Излети в калъпи..!

Здравейте... Дойдох да ви кажа...
Житейски уроци да уча...
Че барям и аз да намажа...
И безгрешност от вас да получа..!

Здравейте..! Май сам си говоря...
Ехото... Поздрав ми връща...
С безгрешните... Няма да споря...
От съветници... Вече повръщам...

Здравейте..! И сбогом ви казвам...
Продължавам по пътя си... Грешен...
На никой не ще се подмазвам...
Дори да изглеждам... И смешен..!

Далече безгрешни... Далече...
От мен надалече вървете...
До гуша ми стигнахте вече...
А съветите... В гъза си заврете.!!!

Калоян Христов
Chris Heart

Спаси я...

Защо съм тук..? Във този Свят...
Защо съм спуснат на Земята..?
За мен е чужд и непознат...
Зловещ... Разкъсващ ми Душата..!

Сгреших ли някъде преди..?
Какво оставих..? Не приключих...
Кои са мойте пра-деди..?
И кой урок... Не си научих..?

Защо Светът не ми допада..?
Защо се чувствам, като смазан...
Защо избра за мене..? Ада
Без Дом и без Любов... Наказан..!

Защо ме спусна на Земята..?
Без цел, посока и опора...
Да скитам цял Живот с Душата...
В Свят... По-мръсен от затвора..!

По добре ела... Вземи я...
В този Свят... Не се живее...
Душата ми вземи... Спаси я...
На Земята само страда... И линее.!!!

Калоян Христов
Chris Heart

Отнякъде... Някой...

Когато си тъжен и нямаш надежда...
Когато в Душата ти камък тежи...
Отнякъде тайничко някой поглежда...
И заедно с тебе... Тихо тъжи..!

Когато се губиш по пътя в мъглата...
Когато потъваш самотен в нощта...
Отнякъде някой ти хваща ръката...
И тихо във нея... Поставя свещта..!

Когато пропаднеш в дълбоката бездна...
Когато без цел и посока вървиш...
Отнякъде някой с Душата си звездна...
Ще каже... „Не бой се, с мен ще летиш“..!

Когато живееш отчаян без смисъл...
Когато не виждаш в тунела врата...
Отнякъде някой изпраща ти мисъл...
Своята Обич... И Любовта..!

Когато не вярваш във никой и нищо...
Когато изграждаш пред тебе стени...
Убиваш Душата си... Твоята къща...
Ти си виновен... Сам се вини.!!!

Калоян Христов
Chris Heart

Хората толкова много са свикнали с лъжи,
лицемерие и подлост, че когато се изправиш
срещу тях откровен, честен и директен...
Изпадат в паника и не знаят как да реагират...
И колкото и добре да подбираш думите си, за да
те разберат правилно...
Толкова повече започват да се съмняват в тях...

Затова говори това, което мислиш...

1. Или ще те приемат и ще са с теб...
2. Или веднага ще побягнат...
3. Или ако започнат да ти се обясняват и да си
измислят причини, и оправдания...
Ти бягай..!
Останеш ли, оставаш в омагьосания кръг на
масата...
Лъжи, лицемерие и подлост...
Най страшни са тези, които не са наясно със
себе си...
Тези, които не знаят какво искат, кое е най-
доброто за тях, какво да преследват и какъв
Живот искат да живеят...
Бъдете винаги себе си, правилните за вас хора
ще останат...
Останалите ще избягат.!!!

Калоян Христов
Chris Heart

Жокерът в играта...

Животът е... Най-сложната игра...
В която се налага да играеш...
По пътя си измисля правила...
Които предварително не знаеш..!

Понякога е труден и жесток...
Често правилата ще променя...
Душата ще поиска за залог...
И в края на играта ти я взема..!

Животът е... Безскрупулен играч...
Компромиси на никого не прави...
Сбъркаш ли... Ще бъде твой палач...
И всичко що си имал ще ограби..!

Когато е добър, красив и мил...
Не си мисли, че губи във играта...
И този път добре е преценил...
Колко ще оставиш във хазната..!

Животът е... Изкусен раздавач...
И винаги държи Асата...
Времето е... Жокерът - Палач...
Покаже ли го... Взел ти е Душата.!!!

Калоян Христов
Chris Heart

Спасителна лодка...

Къде да намеря..? Утеха...
Как да потисна...? Страстта...
Коя е защитната..? Дреха...
За Сърцето... Душата... Плътта..!

Каква е предпазната шапка..?
Любовен чадър... Или щит...
Които не пускат и капка...
След която съм смазан... Разбит..!

Има ли лек..? Да лекува...
Тяло... Сърце... И Душа...
Умът ми да спре да сънува...
Когато в Живота... Сгреша..!

Кой е ключът за вратата..?
Зад която ще бъда добре...
Запазил... Сърцето... Душата...
Дори Любовта... Да умре..!

Съществува ли знак..? Или нотка...
В древен... Душевен архив...
Или стара спасителна лодка...
След Любов... Да съм Цял... Да съм Жив.!!!

Калоян Христов
Chris Heart

Баланс или Компромис...

Абсолютно всичко във Вселената и Природата
се движи в хармония, синхрон и стриктен
баланс...
В противен случай, не биха съществували...
Разликата между Тях и Човека е, че Човекът
допуска може би най-грубата грешка по време
на своето съществуване...
Тази грешка се нарича... Компромис...
Ако Вселената и Природата правеха
компромиси с едно от нещата, от които са
създадени, Те вече нямаше да съществуват..!
Така както всяка една човешка връзка, която се
крепи на Компромиси...
Колкото и грубо да звучи...
Нито Вселената, нито Природата правят
компромиси...
Човешкият вид, колкото и да се опитва да ги
унищожи...
Те винаги ще се възстановяват по един или
друг начин...
Защото никога не биха направили... Компромис
със себе си..!
Ако, или когато Човек се научи да живее,
спазвайки стриктно техните правила...
Може би, ще достигне до своето съвършенство
и Животът би бил пълноценен, и смислен...
Докато правим Компромис със себе си...
Ние не живеем...
Ние съществуваме... Безсмислено.!!!

Калоян Христов
Chris Heart

Докрай ще си чакам...

Не искам вече да чакам...
Усещам... Настъпва умора...
Във времето все да протакам...
Да срещна любимите хора..!

Да чакам... Това ме убива...
Чувствата в мен да подтискам...
Горещото в мен да изстива...
За Обич да чакам... Не искам..!

Времето бързо минава...
И Живота ми тъй си отива...
От чакане тъна в забрава...
И спомени даже отмива..!

Достатъчно дълго съм чакал...
И хора, и силни любови...
За някои, дори и съм плакал...
Макар, че били са... Сурови..!

Уморен съм от тази проказа...
Душата ми плаче и стене...
Търпи си и чака ли чака...
Някой с Любов да я вземе..!

Явно до гроб ще си чакам...
Изгубил представа за време...
Изтървах и Живота... И влака...
Но на кой ли за мене му дреме.!!!

Калоян Христов
Chris Heart

Алчност...

Доминира Алчността... Във днешно време...
Човекът е готов да те премаже...
Щом е на аванта... Не му дреме...
Важно е... От теб да се облажи..!

Не си мислете, че му пука...
Повярвайте ми... Никак даже...
Ще чуете след време... „Беж от тука!"...
Щом няма вече нищо да намаже..!

Алчността на никой не прощава...
В Душата на Човека е утайка...
С Приятелството... Често се ебава...
Дори сестра и брат... Баща и Майка.!!!

Калоян Христов
Chris Heart

Не мисли..! Живей..!

Докато човек търси разумно обяснение за
съществуването си...
Докато търси обяснение за това, което му се
случва...
Пропуска настоящия момент!
Разсъждавайки върху Любовта...
Той я изтърва...
Разсъждавайки върху Душата...
Той се разминава с нея...
Разсъждавайки за бъдещето си...
Той не живее...
Докато човек търси разумно обяснение и
отговори, страхувайки се, че може да сгреши...
Губи страшно много време...
И точно това време е неговият... Живот...
Докато Аз пиша това, в опита си да обясня,
колко много губим заровени в размишления...
Там някъде, може би в другия край на Света,
някои хора не мислят...
Те просто живеят и се наслаждават на всеки
един Миг от този Дар, който наричаме...
Живот...
Всеки Човек се превръща в мъдрец на Живота
си, когато осъзнае, колко много е пропилял от
него...
Човекът е най-големия разсипник на време, а
времето е Живот...
И докато мисли, и философства върху него...
Той го пилее... Не живее.!!!

Калоян Христов
Chris Heart

Грешен ли съм...

Грешно ли живея..? Не разбирам...
Или за този свят не съм готов...
Разкъсана Душата щом прибирам...
Когато се докосна до Любов..!

Грешна ли е моята представа..?
За хората и тяхната Душа...
Грешно ли е..? Щом се доверявам...
Знаейки, че после се руша..!

Грешните пътеки ли избирам..?
Или Живота ми съдбовен е суров...
По пътя щом възкръсвам и умирам...
Когато се размина със Любов..!

Грешен ли съм спуснат на Земята..?
Вечно да се скитам по Света...
Това ли е Живота ми..? Съдбата...
Обречен да живея... В самота..!

Грешен ли съм..? Грешно ли живея..?
Аз ли съм единствен на Света..?
Скитникът с копнежите по нея...
Търсещ със Душата... Любовта.!!!

Калоян Христов
Chris Heart

Просто... Миг...

През Живота си много видях...
И радост... И болка изпитах...
И плаках... И много се смях...
И паднал след време политах..!

Със Живота си често играх...
Причинил съм си доста болежки...
Изпитвал съм злоба и страх...
Но това са уроци... Не грешки..!

От Живота научих... Разбрах...
Съвети не давай..!.Не вземай...
Аз живея, тъй както избрах...
Ти само постой... И ме гледай..!

Прегърнах Живота с Душа...
Наложих над себе си воля...
И усещам, че тук не греша...
И за шансове втори... Не моля..!

Животът е Дар... Просто Миг...
Изживей го, човече... Красиво...
Направи го за тебе... Велик...
Обичай го..! Страстно и Диво.!!!

Калоян Христов
Chris Heart

Една
от най-големите грешки
на човека е,
че чака с нетърпение
по-добро Бъдеще...
Пренебрегвайки...
Настоящето.!!!

Калоян Христов
Chris Heart

Винаги себе си...

Пред всеки заставам... Без маска...
Първичен, спонтанен и прям...
Не обичам да нося фалшива окраска...
Натурален, естествен... Без свян..!

Говоря открито... Директно в очите...
Веднага... На място... Сега...
И когато съм тъжен... Не крия сълзите...
Не извъртам... Не свеждам глава..!

Рошав, брадясал... Или вехто облечен...
Не представлява за мене проблем...
Както всеки... И Аз съм различен...
Но винаги... Себе си... Мен.!!!

Калоян Христов
Chris Heart

Оцелял...

И Любов... И Приятели имах...
И леглото... И залък делих...
След раздялата нищо не взимах...
И в огън... И в лед се калих..!

Обичах... И Любих... И Вярвах...
Падах... И ставах... Кървях...
Смях се... И на малко се радвах..!
В Живота си... Себе си бях..!

През бури зловещи преминах...
В лава от страсти горях...
По пътя, едва не загинах...
За много съм мъртъв... Умрях..!

Печелих... И много загубих...
И раздавах... Пилеех без страх...
С Душата Обичах... И Любих...
Това е Живота... Разбрах..!

Създавах... И после събарях...
Стени и мостове градих...
В Любов... И в Приятелство вярвах...
Но често след тях се рруших..!

Съществувам... И дишам... Живея..!
И радост... И болка видял...
Ще плача... И пак ще се смея...
Все още съм тук... Оцелял.!!!

Калоян Христов
Chris Heart

Дотук живях един вълнуващ Живот...
Изпълнен с много емоции,
падения и възходи...
Не съжалявам, за нито един миг,
през всичките години...
Аз съм това, което съм...
Благодарение на това...
През което съм преминал..!

Калоян Христов
Chris Heart

Сираче...

Налей ми Животе... Да пия...
Напълни ми догоре... Душата...
Налей ми Любов... Да прелива...
Налей... Подкоси ми краката...

Налей ми и Страст да опитам...
По-гореща дори и от лава...
Да ходя пиян... Да залитам...
Тялото в Страсти да давя..!

Налей ми най-скъпото... Обич...
Силна, спонтанна и чиста...
Наливай ми... Може и повече...
От нея най-много ми липсва...

Наливай Животе... Ще пия...
От жажда... Душата ми плаче...
Налей ѝ Любов... Събери я...
Със сродна на Нея... Сираче.!!!

Калоян Христов
Chris Heart

Опитах се...

Опитах с този Свят да свикна...
Да съм част... Да го разбирам...
Но как със злоба да привикна..?
Лицемерно да се смея и позирам..!

Опитах се... Душата да подтикна...
Към всеки със Любов да се отнася...
И ето... Друг проблем възникна...
Лицемерие и завист... Не понася..!

Опитах се... Повярвайте... Опитах...
С хората в тълпата да се слея...
Единствено ритниците изпитах...
И с ножове в гърдите си... Живея..!

Опитах в този Свят... Не е за мене...
Алчността пълзи, като зараза...
А всеки паднал на колене...
Разнася завист, злоба и омраза..!

Опитах се... Не се получи...
И не вярвам вече да успея...
Душата си докрай измъчих...
Без Любов и Обич... Да Живея.!!!

Калоян Христов
Chris Heart

Не можах да обикна Света...
Изтормозих си в него... Душата...
И Избрах..! Живот в самота...
Далеч от шума... И тълпата.!!!

Калоян Христов
Chris Heart

През други... Очи...

Откакто се срещнах с Душата...
На всички злодеи... Простих...
Изкупих им даже вината...
А после зачеркнах... Изтрих..!

Откакто се срещнах с Душата...
Видях как Света се руши...
Затова ѝ дарих... Свободата...
Да ме среща със сродни Души..!

Откакто се срещнах с Душата...
Разбрах и какво е... Любов...
Чиста... Тъй както в децата...
Макар, че Света е суров..!

Откакто се срещнах с Душата...
Животът ми стана... По-лек...
Ценя всеки миг на Земята...
И това ме превърна... В Човек..!

Откакто се срещнах с Душата...
Живея... Не гоня мечти...
Отключила в мен сетивата...
Погледнах... През други очи..!

Откакто се срещнах с Душата...
Усетих... Гръдта как тупти...
Отворих широко вратата...
И просто ѝ казах... „Лети".!!!

Калоян Христов
Chris Heart

Сянка...

Не зная... Как изглеждам вече...
В огледалото дори съм без лице...
А Душата ми лекува вечер...
Болно... И разкъсано Сърце..!

Изгубих се... Потънах в тъмнината...
Скрих се от лицето на Света...
Скитам се и бродя по Земята...
Забравих и какво е... Любовта..!

Опитах се... И спомени да трия...
Но всичко е потънало във прах...
Раните и белези не крия...
Няма нужда... Аз живея в мрак..!

Живея, като сянка сред тълпата...
Животът на отшелник си избрах...
Лекувам си Сърцето и Душата...
Които бях раздавал... И съдрах..!

Бездомник съм... На шията със примка...
Скитник съм... Без име и лице...
Удавник съм... Разчитайки на сламка...
И Сянка... Но с Душа... И със Сърце.!!!

Калоян Христов
Chris Heart

32

Колкото повече опознавам...
Хората в този Свят...
Толкова повече ми се иска,
да не съм ги опознавал...
НИКОГА.!!!

Калоян Христов
Chris Heart

Къщичка в гората...

Живея си с една мечта...
Да имам къщичка в гората...
Там някъде... Накарай света...
Далече от човеци... От тълпата..!

Мечтая да живея там...
В спокойно кътче на земята...
С една Любов... В уютен дом...
И с много обич във Душата..!

Зимата... Камина да гори...
Да е сгушена във мен жената...
Да се любим до полуда... До зори...
Под звездите... Пред луната..!

Това е моята мечта...
Малка къщичка в гората...
Аз и Тя... Накарай света...
И нежен шепот... От листата.!!!

Калоян Христов
Chris Heart

Усмихвай се...

Усмихваш се... Понякога насила...
Усмихваш се, но винаги личи...
Душата ти, когато се е свила...
Усмихваш се... Със сълзи във очи..!

Усмихваш се, когато ти е криво...
Усмихваш се, когато в теб вали...
Усмихваш се, когато ти е сиво...
Усмихваш се... Когато те боли...

Усмихваш се, когато се страхуваш...
Усмихваш се, дори и да кървиш...
Усмихваш се, когато боледуваш...
Усмихваш се, а искаш да крещиш..!

Усмихвай се..! Напук на всички...
Усмихвай се..! Макар че ти личи...
Усмихвай се..! На дребните душички...
Усмихвай се..! Със сълзи във очи.!!!

Калоян Христов
Chris Heart

Оцеляващ вид...

Сбъдвал ли си някога Мечта..?
Когато шансовете са били мънички...
Достигал ли си някога целта..?
С доверие поставено в кавички..!

Водил ли си някога борба..?
Със себе си... И срещу всеки...
Печелил ли си битка със Съдба..?
Показвала ти грешните пътеки..!

Изгубвал ли си стимул за Живот..?
И Вярата, че Бог ти е създател...
Спал ли си на пейка, като скот...
Със уличното куче... За Приятел...

Знаеш ли какво е Глад..?
Със сълзи на очи да молиш...
Някой да ти купи... Хляб...
Залитайки... Едвам да ходиш..!

Търсил ли си някога..? Подслон...
Лукс да е пода във мазата...
Било ли е леглото ти..? Кашон...
С тубата от нафта под главата..!

Срещал ли си този вид Човек..?
На всичкото отгоре се изправил...
Познаваш ли го този Мъж..? Проклет...
Който не умирал... Оцелявал..!

Ще кажеш ли..? Познавам го сега...
Или глава отново ще извърнеш..?
Както го остави във снега...
А той те чакаше... Да се завърнеш..!

Може да е бил... Проклет...
Но винаги е бил... Приятел...
За тебе се превърна в силует...
А ти в очите му... Предател..!

Пиша ти да знаеш... Оцелях...
И няма да ти кажа, че те мразя...
Помогна ми... Душата си познах...
Научих се... Как себе си да пазя.!!!

Калоян Христов
Chris Heart

Безсмислен кръговрат...

Човекът... Цял Живот търси смисъла за своето
съществуване...
И цял Живот пилее времето си в преследване
на цели, вместо да живее...
По същия начин постъпва...
И с Любовта...
Единствената смислена част от Живота ми до
тук, е тази част...
В която съм Живял - Обичайки..!
През останалото време... Безсмислено съм
съществувал...
Всяка една постигната цел на материално
богатство, в един момент се обезценява и се
обезсмисля...
Цял един Живот...
Човек работи и блъска, за да остави нещо на
своите наследници...
Тегли кредити, които изплаща в продължение
на 30 години, за да подсигури дом на своите
деца...
След което умира безславно и безсмислено...
Защо ли..?

Защото..., точно тези, заради които е пропилял Живота си..., точно те, с лека ръка, след неговата смърт, безкрупулно и безсъвестно пропиляват всичко, преследвайки техните си цели и амбиции в Живота...
Безсмислен кръговрат..!
Човекът и човешкия вид не веднъж е доказал, че всичко, до което се докосне, се обезсмисля и с времето престава да съществува...
Търсейки смисъла на Живота...
Той го обезсмисля...
Животът е Любов, на която трябва да се отдадеш и изживееш...
Всички друго...
Е безсмислено съществуване.!!!

Калоян Христов
Chris Heart

Твоят път...

Минутите минават...
Дните си вървят...
Телата остаряват...
Безспирно се топят...
Косите побеляват...
Очите се морят...
Краката се забавят...
Ръцете не държат...
Сезоните се сменят...
Годините тежат...
Хора се променят...
Любимите болят...
Сърцата ни пулсират...
Страстите горят...
Мечтите не умират...
Само спомени валят...
Душите се събират...
И заедно вървят...
Човекът се погребва...
Близките кървят...
А Времето отмерва...
Животът...
Твоят път.!!!

Калоян Христов
Chris Heart

Добре съм...

Когато някой се сети за мен и моето
съществуване и ме попита... "Как си"..?
Винаги отговарям по един и същ начин...
„Добре съм"..!
Без да изпадам в подробности от рода:
За късите дни, дългите мрачни, студени,
скучни и отегчителни депресиращи нощи, в
които няма изглед за промяна в близко
бъдеще...
Разруха и отчаяние, което изсмуква енергията
ми, лишавайки ме от положителните емоции,
които ме карат да се чувствам щастлив...
Следвайки мъртвото течение към дълбоката
бездна, където всеки зов за помощ отеква в
нищото, изгубил почва под краката ми и
смисъла за моето съществуване...
Всъщност, така протича или изтича моят
Живот...
Когато се опитам да направя анализ на моя
жизнен път до момента, установявам, че това е
моето нормално ежедневно състояние през
годините, което ме държи на повърхността в
огромния океан от чувства бушуващи в моята
душевност...
И един ден или нощ, когато настъпи онзи миг и
сложи край на моето съществуване, всеки,
който ме е познавал ще си каже...
„Той беше Добре и живя Добре"...
Това съм Аз като Човек и личност...
Не се оплаквам... Добре съм.!!!

Калоян Христов
Chris Heart

По пътя за Рая...

Животът на Земята... Не е Рай...
Не го търсете на Земята...
Начало е... И път безкраен...
По който се върви с Душата..!

Животът е съдбовния учител...
И Съдник за Душите ни греховни...
Чистилище и наш лечител...
Защото сме пред някого... Виновни..!

Животът ни е даден на Земята...
Мръсен и натъпкан със отрови...
А ние сме слугите на Душата...
Пазители... И нейни роби..!

Животът ни е Дар... Но не и Рая...
Раят е далече от Земята...
Може би там някъде... В безкрая...
Но след като пречистим в нас... Душата.!!!

Калоян Христов
Chris Heart

Ад...

Сами си изградихме този... Ад...
От Алчни... Лицемерни Хора...
Които от Живота ни крадат...
Без жал... Без съвест... Без умора..!

Сами си построихме този... Свят...
От Хора, завистливи... Безпощадни...
Изпълнени със Злоба... И със Яд...
За Власт и за господство... Жадни..!

Душите си обрекохме на Глад...
За Обич... За Любов... За Страсти...
Превърнахме Живота в Маскарад...
Телата си продадохме... На части..!

Не искам да живея в Свят...
Гледайки, как някой демонстрира...
Колко е велик... И по-богат...
На гърба на друг, който в този миг...
От глад... Умира..!

Калоян Христов
Chris Heart

Ела и си прибери вересиите...

Колкото повече живея, толкова повече се убеждавам, че човекът е най-глупавото и вредно същество на планетата...
Той не живее собствения си Живот, а гледа и се рови в чуждия...
Вместо да създава Живот - убива...
Вместо да Изгражда - руши...
Вечно неблагодарен и недоволен...
Вместо да мечтае - хленчи и ридае...
Вместо да Обича - мрази...
Вместо да похвали - завижда...
Вместо да помогне - тъпче...
Вместо да запази - изхвърля...
Вместо да вярва - се съмнява...
И утре, ако го попитам, за какво живее след всичко, което изброих, ще ми даде най-тъпия отговор...
„Да оставя нещо след себе си..!“, „Живея за децата си... Да им осигуря по-добро Бъдеще..!“
И какво по-добро оставяш след себе си, Глупако?
Една размазана Планета...
Една Земя без Природа...
Един Свят, изпълнен със Завист, Злоба и Омраза...
Едни Деца, израснали без Обич и Любов, на които им подхвърляш последния модел таблет, телефон или плейстейшън...
Деца, които не са виждали гора, планина или море. И единствената природа за тях е пясъчника пред блока с 4-5 проскубани дървета.
Деца, които не знаят как се рита топка. Не знаят какво е мижънка, стражари и апаши,

фунийки, дама и народна топка....

Тези Деца, за които ми говориш, че ще живеят в един по-добър Свят и се учат от картинки, какво е свиня, крава, кон и магаре, защото никога не са ги виждали на живо и причината за това си Ти...

Глупавото и неосъзнато човешко същество, което така и не разбра, и никога няма да разбере, защо изобщо съществува, каква е неговата роля на тази Планета и защо му е даден Живота...

Всяка една човешка цел е свързана с трупане на ненужни предмети, имане и пари...

Същество, което е готово, дори държава да изпепели, народ да затрие, цялата природа на Земята да замърси, отрови, опожари и унищожи...

Сега ще те попитам пак и отново:

„За децата ли ми каза, че живееш..? За едно по-добро бъдеще ли беше..?"

Човешките същества сме толкова прости създания, че Създателят ни след като е разбрал какво е сътворил, от срам е избягал и е изтрил историята, и първоначалната идея за нашето създаване...

Човекът е най-голямата грешка на Природата, и най-големия Враг, за самия себе си..!

Не вярвам в Бог, но няма как накрая да не кажа...

„Господи, моля те, ела и си прибери вересиите... (помиите)..."!

Амин!

Калоян Христов

Chris Heart

45

Искам... Там...

Искам малък... И уютен дом...
В който... Тихо да се свия...
Да бъде храм и мой подслон...
С Любов... Душата да обвия..!

Искам прост... И тих Живот...
Без скандали и проблеми...
Далеч от Хора и Народ...
Негативни, Алчни... Озлобени..!

Искам вече... Да се спра...
Да намеря... Мойто място...
Там където да умра...
Тихо... Кротко... Просто..!

Искам само... Тишина...
Там някъде далеч... В гората...
Уютен дом... И топлина...
Това ѝ стига... На Душата..!

Искам вече да съм... Там...
За това мечтая и копнея...
Една колиба за подслон...
Преди смъртта си... Да Живея.!!!

Калоян Христов
Chris Heart

Недоволен...

Стиска, спестява, събира...
Заринат... Сред вещи живее...
Но всъщност... Едва ли разбира...
Животът... И как го пилее..!

Сред студените вехти предмети...
Там някъде... Скрит съществува...
Обладан от парите проклети...
На Его и Алчност... Слугува..!

Със стиснати длани в юмруци...
Ревностно брани... Имане...
Превърнал се в роб на боклуци...
С които... Душата си храни..!

Като цяло... Това е Човека...
Не Живее..! Той вечно робува...
И така се превръща в Глупака...
Недоволен..! Животът псува..!

Калоян Христов
Chris Heart

В повечето случаи,
ние виждаме себе си в хората,
които срещаме по пътя на Живота си...
Виждаме се, даже и в недостатъците им...
Проблемът ни е,
че нямаме смелостта да си признаем...
Дори пред себе си.!!!

Калоян Христов
Chris Heart

Кръста сам ще си нося...

За Любов... Аз няма да моля...
Подарена Обич не желая...
Дори когато съм изгубил воля...
В циркове и филми... Не играя..!

И приятелство няма да прося...
Насила ръка не подавам...
Кръста си... Сам ще го нося...
Когато съм паднал... Ще ставам..!

Подаяние... Аз не приемам...
Съжаление... От никой не искам...
Сгреша ли... Вината поемам...
Юмруци и зъби ще стискам..!

Попадна ли в яма... Не викам...
В скалите със нокти ще драскам...
Кръста си сам ще изтикам...
Аз помощ и милост... Не искам..!

Не казвам вече... „Помогни ми..!“
Който иска... Той помага...
Не казвам също... „Прегърни ме..!“
Който ме Обича се протяга..!

За Любов и Приятел... Не моля...
И за Обич и помощ... Не прося...
Аз имам и Достойнство и Воля...
И Кръста... С Душата си нося.!!!

Калоян Христов
Chris Heart

Когато не мога да спя...

Вечер... Когато не мога да спя...
Със себе си... Сам си говоря...
Какво е Животът..? Какво е Смъртта..?
С другото Аз... Обсъждам и споря..!

Дали съществува..? Живот след Смъртта...
Аз Вярвам..! Там някъде... Има...
Макар че в Земята ни гние плътта...
Някой друг... Душата ни взима..!

Това е Животът... Един кръговрат...
Ако нещо се ражда... То друго умира...
Душите са вечни на белия Свят...
Само телата... Смъртта ни прибира..!

Защо се боим..? Защо ни е страх..?
Защо всеки път го пилеем..?
Защото всички изплащаме... Грях...
И така се учим... Как да живеем..!

Когато Човекът срещне Смъртта...
Той разбира какво пропилява...
Продава Душата, от Страх за плътта...
А когато се върне... С грехове продължава..!

Аз Вярвам в Живот... След смъртта...
Вярвам, че вечно сме тука...
Душата ще сменя телата... Плътта...
И във всеки Живот ни променя Урока.!!!

Калоян Христов
Chris Heart

50

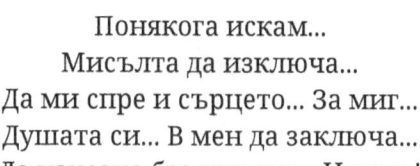

Понякога искам...
Мисълта да изключа...
Да ми спре и сърцето... За миг...
Душата си... В мен да заключа...
Да изчезна без спомен... И лик..!

Калоян Христов
Chris Heart

Животът е увереност...

Душата ви не търси състрадание...
По-скоро се нуждае от привличане...
Усети ли обаче колебание...
Не чакайте магичното обичане..!

Сърцето ви не иска съжаление...
Разбито след последното отричане...
Нуждае се от обич и внимание...
Пулсиращо в любовното си вричане..!

Телата не желаят забавления...
Нуждаят се от нежност и докосване...
С копнежите си влизат в приключения...
Изгарящи от страсти до жигосване..!

Животът се превръща в безхаберие...
От упреци и тежки обвинения...
И всеки ще подходи с недоверие...
Когато заживеете... В съмнения..!

Дар ви е Живота... Изпитание...
Нужна му е капчица довереност...
Пътят е Любов, но и страдание...
Изживейте го красиво и с увереност.!!!

Калоян Христов
Chris Heart

Днес...

Днес живеем на Земята...
Днес сме тук... От плът и кръв...
Утре ще сме в небесата...
Търсейки... Обратен път..!

Днес се любим със телата...
Днес усещаме... Страстта...
Утре ще летим с Душата...
Напуснали завинаги... Плътта..!

Днес сме тук... И днес живеем...
Животът ни е само... Миг...
Утре със Земята ще се слеем...
Ще бъдем тук... Но вече... Мит.!!!

Калоян Христов
Chris Heart

През Живота си...
Грешиш, правиш грешки, правил си грешки...
Ще ви отговоря така:
Грешах, греша и ще продължавам да греша...
Направил съм своите избори...
Правя избори...
Ще правя избори и занапред...
Това съм Аз...
Това е моят Живот...
А с какво сте по различни и по-добри..?
Вие...
БЕЗГРЕШНИТЕ!!!

Калоян Христов
Chris Heart

Последната глътка... Живот...

Няма Човек на Земята...
Който не носи Любов...
Щом в него живее Душата...
И се бори с Живота суров..!

Няма Човек на Земята...
Който не иска Любов...
Щом тръпнат от Страст сетивата...
Любовта е изпратила... Зов..!

Няма Човек на Земята...
Който отхвърля Любов...
Спомни си Елена... Войната...
И кой, на какво е готов..!

Няма Човек на Земята...
Който не търси Любов...
Тя е в Умът му... В Душата...
До последната глътка... Живот.!!!

Калоян Христов
Chris Heart

Най-чистата Любов видях...

Когато бях клошарче...
И стотинките броих...
С бездомно куче за другарче...
Залъка си разделих..!

В очите му видях сълзица...
Усетих в него... Обичта...
Една надежда и искрица...
За мойта щедрост... Доброта..!

Видях в очите му доброто...
Почувствах чистата Душа...
Когато сгуши се горкото...
И до мене... Кротко си заспа..!

Когато бях клошарче...
И по улиците спях...
Срещнах вярното другарче...
Най-чистата Любов... Видях.!!!

Калоян Христов
Chris Heart

Единственото загубено време
от човешкия Живот...
Е времето, в което...
Човекът не обича.!!!

Калоян Христов
Chris Heart

От Живота искам всичко...

Не се оплаквам от Живота, че е труден...
Оправдание не търся от Съдбата...
Понякога по пътя съм изгубен...
Но вярвам, че ще срещна светлината..!

Не упреквам никого по пътя...
Не търся някой, който ме разбира...
Никого не мразя и не пъдя...
Остава или си тръгва... Сам избира..!

Не поемам отговорност и вината...
Че съм себе си и грешно ме разбират...
Хората в Живота и в Играта...
Имат навика... Да се маскират..!

Не искам от Живота... Много...
Искам да изпитам... Всичко..!
Аз няма да съм нечия подлога..!
За Обич и Любов... Мъничко.!!!

Калоян Христов
Chris Heart

Моля те... Прости...

Животът ми е може би провал...
Но кой съм, откъде съм, не забравих...
Къде съм се родил и съм живял...
Дълбоко във Душата си запазих..!

България е моята страна...
Макар, че я напуснах и заминах...
Където и да скитам по Света...
България е моята родина..!

Където и да съм... Боли..!
Споменът за нея ме изяжда...
Очите ми се пълнят със сълзи...
Мъката ме смазва и изцежда..!

По улици... По пейки ли не спах...
Влачих се, пълзях и лазих...
Скитник и бездомник даже бях...
Но никога не я намразих..!

Животът ми е може би провал...
Като скитник от Света ще си замина...
Ако някой ден далече съм умрял...
С Душата ще съм в моята родина..!

Българийо..! Родино моя..!
Където и да съм... Болиш..!
Душата ми е вечно твоя..!
Умолявам те... Да ѝ простиш.!!!

Калоян Христов
Chris Heart

Навремето се опитвах да опозная... Хората...
Отделях цялото си свободно време, за да
опозная Душите им и да разбера как мислят,
какво чувстват...
Раздавах своята Душа, за да се почувстват по-
добре, когато ги боли...
И страдах наравно с тях...
Сега отделям цялото си свободно време, за да
опозная себе си..!
Разбрах, че съм запълвал празни Души, които
са изсмуквали... Живота ми...
Бях останал... Празен и сам...
Колкото повече опознавам себе си, толкова
повече усещам, че живея и лекувам...
Лекувам... Душата си..!
Но вече избягвам да я споделям с всеки...
Само тя ми остана...
Пазя я..! Обичам я..!

Калоян Христов
Chris Heart

Простих и умрях...

Извиних се на хиляди хора...
И на хиляди хора... Простих...
Получавах и давах опора...
Но и много зачеркнах... Изтрих..!

Извиних се достатъчно пъти...
И достатъчно пъти... Простих...
След което потеглих по пътя...
По който с Душата... Открих..!

Години вървях и се скитах...
И години Живот... Пропилях...
И от глад и от жажда залитах...
И ето ме тук... Оцелях..!

Извиних се на всички, които...
Тежест в Живота им бях...
А на тези, които се скриха...
Отдавана простих... И умрях.!!!

Калоян Христов
Chris Heart

Наивност... Доброта...

Добротата в днешно време е порок...
Душевността пък се приема за наивност...
Помагаш ли те вземат за глупак...
Умееш ли да мамиш е градивност..!

И всеки втори днес е тарикат...
Приятел ти се пише, но хитрува...
Научил се да бъде дипломат...
Ако може на гърба ти да пирува..!

Малко ще останат днес до тебе...
Когато през Живота си грешиш...
На повечето вече не им дреме...
Имаш ли храна... Къде да спиш..!

Но стане ли въпрос за маса...
Щом ще храниш и поиш...
Всеки втори ще довтаса...
И ти ще трябва да търпиш..!

А след това ще те говорят...
Ще ти плюят във гърба...
И в Живота ти ще ровят...
За да стигнеш до ръба..!

Малцина ще запомнят Добрината...
И повечето ще обърнат гръб...
От наивност ще загубиш и Душата...
А Живота ще виси на някой ръб..!

И колкото да вярваш във Доброто...
И колкото да правиш... Добрини...
Накрая те спохожда... Злото...
И цял Живот... Душата ти кърви.!!!

Калоян Христов
Chris Heart

Да отвориш Душата си обърната към света, не е
страшно...
По страшното е, когато я затвориш в
тъмницата, обградена със съмнения, като
ранена птица...
Само и единствено Душата може да лекува
твоето психично здраве, а то - твоето физическо
тяло...
Давай свобода на мислите и чувствата си, и
полети с превързани криле, и с нова надежда...
Поеми си дълбоко въздух...
Зареди се с положителна енергия...
И покажи не на друг, а на себе си, че можеш да
се справиш с всичко...
И тогава ще се срещнеш с правилните хора, с
подобни съдби и еднакви Души.!!!

Калоян Христов
Chris Heart

Така си избрах...

Вкусвах... Докосвах...
Чувствах... Мечтах...
В Живота с Душата...
Любов преживях..!

Опитвах... Усещах...
Обичах със Страст...
Падах и Страдах...
И губих без Страх..!

Ставах и Вярвах...
Напред пак вървях...
Преследвах... Избирах...
Живях... Оцелях.!!!

Калоян Христов
Chris Heart

Безкраен...

Аз Вярвам..! Ще се върна някой ден...
И в друг Живот... Отново ще се видим...
Едва ли ще се сетите за мен...
След като за много... Бях невидим..!

Аз Вярвам..! Че ще дойде този ден...
В друг Живот... И в друго време...
Сродните Души ще са до мен...
И хората... Повярвали във мене..!

Аз Вярвам..! Ще се срещнем със Души...
И в друг Живот, чрез тях ще се познаем...
Мостът между тях не се руши...
Аз Вярвам, че Живота е... Безкраен.!!!

Калоян Христов
Chris Heart

Не..! Не искам...

Не..! Не мога и не искам...
В свят бездушен да живея...
Не желая чувства да потискам...
Без Любов... И сам да остарея.!!!

Калоян Христов
Chris Heart

Още малко...

Още малко ще се скитам по Света...
И след това... Ще си замина...
Със себе си ще взема... Любовта...
В отвъдното... Чрез нея ще премина..!

Ще тръгна гол... Тъй както съм дошъл...
Душата знае пътя... Тя ще води...
Не ми е нужен разум и акъл...
Вселената със мене ще обходи...

Вярвам, че ще срещна там Души...
Които съм загубил и изплакал...
И болките във тях ще потуша...
На всеки близък... Който ме е чакал..!

Ще скитам пак... Но не на таз Земя...
Ще бродя във безкрая... Сред звездите...
В Душата си ще нося Любовта...
Тъй както я копнях... В мечтите.!!!

Калоян Христов
Chris Heart

Безкрайно море...

Животът..! Той бавно изтича...
Безспирно... И няма да спре...
След себе си всичко повлича...
И трупа в безкрайно море...

Грижовно и стриктно събира...
Душите изгубени в мрак...
И за всяка една... Той намира...
Път със надежда... И влак..!

Към телата, дори не поглежда...
За него са прост... Атрибут...
Който времето бавно изцежда...
А в земята... Те вече са труп..!

Животът..! Той няма спирачка...
И никога няма да спре...
А човека е само играчка...
В Безкрайно... Душевно море.!!!

Калоян Христов
Chris Heart

Пешки...

Всички сме Пешки...
На тази Земя...
Дървета... Животни...
И Хора...
И всички оставяме...
Част във пръстта...
Преди да се слеем...
С Простора.!!!

Калоян Христов
Chris Heart

Лесно е на думи...

Лекува ли се болка с „Извинявай!"..?
„Предадох те...", „Нали ще ми простиш..?"
„Оставям те в калта...", „Прощавай!"
„Смазах те...", „Дано ме извиниш..!"

Лесно е нали..? И си отиваш...
Извиняваш се и си вървиш...
През нощите си лягаш и заспиваш...
И за нищичко... Не се виниш..!

Удобна дума е... „Прощавай!"...
Макар да знаеш, че боли...
Синоним на... „Извинявай!"...
А другия отсреща си кърви..!

Прощава ли се с думи Изневяра..?
Извинен ли си, когато Предадеш..?
Наясно ли си, как се оцелява..?
Изпитай го... Ще разбереш.!!!

Калоян Христов
Chris Heart

Ти... Знаеш ли...

Имаш ли представа, как боли..?
Когато всичко в тебе се разкъсва...
Сърцето във гърдите, как кърви...
Желанието за живота, как прекъсва..!

Знаеш ли, какво е да рушиш..?
Изграждани стени с години...
Срещу принципите да вървиш...
Предаван даже... От роднини..!

Разбра ли що е туй... Любов..?
Научи ли се да обичаш..?
Животът беше ли към теб суров..?
Кажи приятелю..! Защо ми сричаш..?

А какво получи..? И какво си дал..?
Какво ще ми предложиш във замяна..?
Душата си щом вече си продал...
Обратен път... Към мене... Няма..!

Аз знам приятелю..! Помни..!
Дълго носих таз дълбока рана...
Не Сърцето... Всичко в теб кърви...
Душата е предадена... Издрана..!

Аз зная колко... И къде боли...
Но научих, че с Любов се дава...
И Сърцето спира да кърви...
А Душата ли..? Това не се продава.!!!

Калоян Христов
Chris Heart

Любовта е във всеки един от нас...
И докато я търсим извън себе си...
Никога няма да я открием.!!!

Калоян Христов
Chris Heart

Животът не чака...

Ако днес ти е тъжно и искаш да плачеш...
Излей се..! И просто плачи...
Споменът днешен не трябва да влачиш...
А утре... С усмивка крачи..!

Стани..! Облечи се..! Излез на разходка...
Дори и безцелно... Върви...
Това е за тебе спасителна лодка...
Когато Душата... Кърви..!

Недей се затваря..! Животът е кратък...
Изживей го красиво с Любов...
Люби и Обичай през твоя остатък...
Не бъди към Душата... Суров..!

Днес ти е тъжно, може би криво...
Но Живота не чака... Лети...
И няма да пита... „Живя ли щастливо..?"
„Ти сбъдна ли твойте... Мечти..?"

Калоян Христов
Chris Heart

Душата си знае...

Всеки през бури в Живота минава...
И понякога даже... Кърви...
Но въпреки всичко, напред продължава...
Не спира... Дори да боли..!

Всеки живее със Вяра... С Надежда...
Преследва и гони Мечти...
И само, когато се срине, поглежда...
Назад... И къде е сгрешил..!

Забравя във времето старите рани...
Забравил е даже и колко боли...
Защото с мечтите... Душата си храни...
С Надежда и Вяра... По пътя върви..!

Някои преследват... Любов във Живота...
Другите трупат имоти... Пари...
За всеки от Нас е различна мечтата...
Но всеки загубил... От нещо кърви..!

Живей си Живота..! Недей се замисля...
Преследвай си свойта мечта...
Душата си взема, каквото ѝ липсва...
Но винаги търси Любов... Обичта.!!!

Калоян Христов
Chris Heart

За всяка една грешка в Живота ни...
Трябва да съдим... Себе си...
Ние сме тези, които сме направили... Избор...
Грешният... Избор...
Вината е само и единствено... Наша.!!!

Калоян Христов
Chris Heart

Ти решаваш и избираш...

Свиква се, с Живота на ръба...
Научаваш се и как да балансираш...
Разбираш, че е Избор... Не Съдба...
От теб се иска, само да избираш..!

Решаваш сам..! Да продължиш...
Изправяш се, когато паднеш...
Намираш път, по който да вървиш...
Търсиш начин... И време да откраднеш..!

Опитваш да създаваш... Да градиш...
Проваляш се... Понякога успяваш...
По-важно е, какво ще съхраниш...
Какво приемаш... И какво раздаваш..!

Животът е виенско колело...
Изкачва те... Но после слиза...
Днес си Цар, в удобното кресло...
А утре... На гърба си нямаш риза..!

Иначе Живота е красив...
Не се мъчи да го разбираш...
Дали ще бъде розов или сив...
Ти Решаваш..! Ти Избираш..!

Така че... Простичко живей...
Недей да трупаш... Да събираш...
Люби, Обичай... И се смей...
Тук ще си за малко..! След това... Умираш.!!!

Калоян Христов
Chris Heart

И ето ме тук... Оцелях...

В този Живот... Не успях...
Да се правя на клоун и на шут...
Какво е дори не разбрах...
Да приличам на някой си... Друг..!

Не станах артист... Не можах...
С изпита бързо приключих...
На сцената... Себе си бях...
И роля за клоун не получих..!

Във филми за малко играх...
В екшъни... Първи умирах...
След драмите, често не спях...
Разкъсан... Разбит се прибирах..!

С клоуни... С артисти вървях...
Душата си... Всичко измъчих...
Влачих се... Лазих... Пълзях...
На Животът... Уроците учих..!

И ето ме тук... Оцелях...
И главната роля получих...
В Живота си... Себе си бях...
Макар на Любов... Да не случих.!!!

Калоян Христов
Chris Heart

Когато се научиш да разчиташ само
и единствено на себе си...
И когато се научиш,
да не очакваш нищо
от никого...
Едва тогава ще заживееш,
без разочарования
и ще усетиш насладата
от Живота.!!!

Калоян Христов
Chris Heart

На вятъра...

Не желая..! Живот след смъртта...
Искам само... Малка промяна...
От Любов да се движи Света...
И Душата бих дал във замяна..!

Не желая..! И вечен Живот...
Щом без Любов ще живея...
По-добре във студения гроб...
Със земята в едно да се слея..!

Не желая..! Безсмъртие с тях...
С Хора... Пропити от злоба...
Да разхвърлят в очите ми прах...
И Душата да пълнят с отрова..!

Не желая..! Да бъда във Свят...
Който гине от алчност... В разруха...
Със човеци изпитващи глад...
И Живот... За тоз... Дето духа.!!!

Калоян Христов
Chris Heart

За скитащите хора по света...

Като просяци живеем на земята...
Скитаме и бродим по света...
В изгнание изпратихме Душата...
Обърнахме и гръб на Любовта..!

Изоставихме дома си... И родина...
Погребахме и майки... И бащи...
Потърсихме утеха във чужбина...
Преследвахме си нашите мечти..!

Оставихме приятели и близки...
Загърбихме живота в нищета...
Прекъснахме и старите си връзки...
Изгубихме съня си през нощта..!

Изнизват се година след година...
И свикваме с живота в самота...
Скитащи с Душите си в чужбина...
Забравихме какво е Любовта..!

Избягахме далече и се скрихме...
Помислихме, че няма да боли...
И грешките си в спомените трихме...
Но винаги в Душите ни... Вали..!

Избрахме ли си пътя..? И Живота...
Или това е нашата Съдба...
Тя ли е виновна..? Пред Душата...
Скитащи да бродим... По Света.!!!

Калоян Христов
Chris Heart

Изгрев и залез...

Човек трябва да се научи, да цени две неща...
Всеки изгрев и всеки залез...
Никога няма да видите два еднакви, всеки от
тях е уникален по своему, както и нашия
Живот...
Всеки изгрев и залез, както и животът ни, трае
само Миг, със своето изящество...
Животът ни е един красив и неповторим
изгрев – Миг, който трябва да ценим, за да го
превърнем в уникален и запомнящ се залез...
Ценете изгрева и залеза...
Те са пример за Живота...
Вашият... Живот.!!!

Калоян Христов
Chris Heart

Докрай... До гроб...

Какво си ти, Животе..? Не разбирам...
Каква е тайната ти..? Мъдростта...
Един си уж... А сто пъти умирам...
Преди да съм достигнал... Старостта..!

Ако днес... Красиво ме прегръщаш...
И видимо за всички съм добре...
Утре си различен и ме връщаш...
Лазейки пред теб... На колене..!

Защо ме галиш и наказваш..?
Защо ме срещаш с врагове..?
Мълчиш... И нищичко не казваш...
Кои са мойте..? Грехове..!

Кога ще спреш да ме бичуваш..?
Какъв е този зъл урок..?
Душата ли..? Какво лекуваш..?
Защо си толкова..? Жесток..!

Дали, Животе..? Ще успея...
До моят край... До гроб...
Поне за малко да живея...
Без да съм слуга... И нечий Роб.!!!

Калоян Христов
Chris Heart

На среща... Със смъртта...

Студено ми е... Чувствам, че изстивам...
Душата ми... Сърцето... Не горят...
Усещам, как изчезвам... И заспивам...
И раните любовни... Не болят..!

Изгубвам се в безкрайна бездна...
Потъвам в непрогледен... Мрак...
Смъртта ми се усмихва нежно...
Изпратила за мене... Влак..!

Погледнах я в очите... И попитах...
„Нима за мен е този влак“..?
„Спри, недей!“ - сурово ѝ извиках...
„Живее ми се... Аз съм още млад“..!

Наведе се... И тихо ми прошепна...
„Харесваш ми... Не те е страх...
И знаеш ли..? Дошло ми е до гуша...
От уплашени Души... Във този Свят“..!

„Не ме е страх"- отвърнах ѝ отново...
„Студено ми е... Нищо не гори...
Сърцето ми е ледено... Сурово...
Душата ми е свита... Не боли"..!

„Не си за тук" - така ми каза...
„Рано е за теб... За този влак...
Лекувай се с Любов, от таз... Зараза...
Ако не успееш... Ще те взема пак"..!

„А сега живей... Върви да се лекуваш...
Душата си отдай... На Любовта...
Не си умрял... Ти просто ме сънуваш...
Успех и поздрави... Смъртта".!!!

Калоян Христов
Chris Heart

Вълк...

Когато Вълк... Надуши помияри...
Той променя своя жизнен път...
Защото знае, че са яли...
Гнила... Заразена плът..!

От глад по пътя ще се влачи...
Живот ще жертва... Ще умре...
Ще скита сам, като сираче...
Но Вълкът... Помия не яде..!

Калоян Христов
Chris Heart

Тишината ми дойде на гости...

Секнаха във пощата писмата...
Телефоните замлъкнаха... Умряха...
Никой не почуква на врата...
„Приятели“... И близки дето бяха..!

На прага ми пристигна... Тишината...
Без да пита... „Мога ли да вляза“...
Прегърна ме... И седна на софрата...
„Празна ли е, ще съм тук“... Така ми каза..!

От известно време... С нея си говоря...
Уиски със бадеми... Не сервирам...
Внимателно я слушам... Без да споря...
И с всеки ден... Започнах да разбирам...

Разказва ми, че всичко е до време...
„Приятели“... И близките ми хора...
На никого за мене... Не му дреме...
Освен... Ако не види зора..!

Сутрин ме събужда... Със усмивка...
Денем... Неотлъчно е до мене...
Вечер ме приспива... Със прегръдка...
Най-верния Приятел... От известно време..!

И днес си поговорих... С тишината...
Която ми описа... Грозна гледка...
Повечето чукат на вратата...
Само... Ако имат сметка...

Калоян Христов
Chris Heart

87

Май съм уморен...

Знаете ли..? Май се уморих...
Да търся Любовта и Хора...
Ни едно от двете... Не открих...
Но се обаждат... Когато видят зора..!

Знаете ли..? Май се уморих...
От алчност, лицемерие и злоба...
Нахраних се... Достатъчно изпих...
Преяла е Душата ми... С отрова..!

Знаете ли..? Май се уморих...
Ще седна да почина малко...
Животът ми замина, като в стих...
Без Обич... Без Любов... И Жалко..!

Знаете ли..? Май се уморих...
От приятелите грешни и любови...
Нека спят спокойно... Аз простих...
Душата ми е чиста... Без окови..!

Знаете ли..? Май се уморих...
Но сърцето галопира... Тича...
Пазих го... И в дън земя го крих...
И въпреки това... Обича..!

Знаете ли..? Май се уморих...
Но мога ли..? Душата да накажа...
След всичкото, което изброих...
Мога ли..? Любов да ѝ откажа.!!!

Знаете ли..? Даже уморен...
Аз никога не се отказвам...
Дори да съм предаден и ранен...
Аз съм себе си... С това наказвам.!!!

Калоян Христов
Chris Heart

Моята... Истина...

Истината е, че... През живота си ще се срещнеш,
с много приятели, с много учители и с много
предатели...
Някои от тях ще ги помниш докрая на живота
си, други по-малко, а за някои даже няма да си
спомниш...
Но най-голямата истина е, че... Най-големият ти
Приятел, най-големия ти Учител и най-големия
ти Предател, и Враг, това си Ти..!
Твоят Избор, твоите Мисли и твоите Действия..!
Следователно, е време да се замислиш...
Първо... Как и за какво Мислиш...
Второ... Кое е най-правилното за теб...
Трето... Изборът или изборите, които си
направил, дали са в твоя полза...
И четвърто... Едно от най-важните неща в твоя
Живот...
Хората, които допускаш до себе си и в твоето
обкръжение...
Събирай се с хора, на твоята честота, общувай с
хора, с които имаш общи цели и интерси...
И изхвърли всички, които те заливат със
собствените си проблеми...
Ти не си виновен за положението, в което са
изпаднали, защото те също имат своя Приятел,
Учител, Предател и Враг...
Себе си.!!!

Не е егоистично да мислиш за Себе си...
Егоистично е да се оплакваш, мрънкаш и да
крадеш от времето живот на хората, които
искат да бъдат щастливи...
Слабите... Ще се оправдаят със Съдбата..!
Силните... Ще си признаят грешките от
техните... Избори..!
Това е Истината, която Аз съм разбрал, и която
проумях в следствие на моите... Грешни
Избори.!!!

Калоян Христов
Chris Heart

Циничен...

Мразя да ме правят на глупак...
Макар че на такъв приличам...
Но никога не ставам за ташак...
Дори и до полуда... Да обичам..!

Тръгвам си веднага..! Изведнъж...
Компромиси на никого не правя..!
Дори и да загубя... Аз съм Мъж..!
Все някак си в живота ще се справя..!

Предатели до мене... Не търпя..!
Курвенски фасони... Не понасям..!
С достатъчно ножове съм в гърба...
Които си ги нося и разнасям..!

Достатъчно съм врял и съм кипял...
Лицемерието... Трудно ще объркам...
След сопите, които съм изял...
Едва ли ще ме видиш... Да ти мъркам..!

Във всеки ще усетя... Завистта...
Злобата... Усмивка с неприязън...
С мълчание приемам глупостта...
И без това... Той вече е наказан..!

Мога да съм груб... Дори суров...
Понякога вулгарен и циничен...
Но винаги подхождам със Любов...
Когато ме ценят... И съм обичан.!!!

Калоян Христов
Chris Heart

Живях... Или съществувах...

Търсих и дълго се лутах...
По път без посока вървях...
Уроци след грешките трупах...
Но какво е Любов... Не разбрах..!

По пътя си... Всякакви срещнах...
И все със разбити сърца...
С Душата си всички посрещнах...
И Мъже... И Жени... И Деца..!

На всички по нещичко... Давах...
Отделях им време... Живот...
Душата разкъсвах... Раздавах...
За мъничко Обич... Любов..!

Изгубен по пътя се скитах...
Без Цел... Без Посока... Без Дом...
От глад за човечност залитах...
За Душата си търсих... Подслон..!

Живях ли или съществувах..?
Разбрах ли какво е Любов..?
Щом Душите човешки лекувах...
Но към себе си... Твърде суров.!!!

Калоян Христов
Chris Heart

Аз много добре зная,
кое е най-правилното решение
за мен и моя живот...
Проблемът е,
че не зная...
Кога и как да го приложа.!!!

Калоян Христов
Chris Heart

Прероден...

Усещам, как бавно... Умирам...
След всяка секунда... И час...
Спомен по спомен... Сортирам...
От Животът... Красивата част..!

Усещам, как бавно... Изстивам...
И затварям... Врата след врата...
Неусетно... Следите изтривам...
Пътят към всяка... Мечта..!

Усещам, как бавно... Изтича...
Животът ми... Ден подир ден...
Как бавно... На пода се свличам...
И лазя... Към гроба студен..!

Усещам, как бавно... Умирам...
Безсилен, предаден... Сломен...
Усещам и краят... Разбирам...
След утре съм нов... Прероден.!!!

Калоян Христов
Chris Heart

На дъното...

На дъното съм пак и ме боли...
Но въпреки това... Не се отказвам..!
Душата ми разкъсана кърви...
Сърцето във гърдите ми се смазва..!

Животът ми отново натежа...
След като във грешните повярвах...
Доверявах се на думи и лъжи...
И ето ме на дъното... Пропаднах..!

За кой ли път... На дъното лежа...
За кой ли път усещам самотата...
За кой ли път отново се руша...
За кой ли път... Изгубих светлината..!

Отново съм изправен на ръба...
На дъното, на пода... До стената...
Дори и със ножове във гърба...
Не се отказвам от Живота... От борбата.!!!

Калоян Христов
Chris Heart

Познавам самотата...

Наясно съм... Познавам самотата...
Зная и какво е, да си сам...
Ненужен да се чувстваш на Земята...
Отхвърлян, критикуван... Неразбран..!

Наясно съм... Познавам самотата...
Сред хората, да бъдеш сам...
Невидим си за всички от тълпата...
Макар че си различен... И си там..!

Наясно съм... Познавам самотата...
Всяка вечер, да заспиваш сам...
Без Обич... Без Любов в Душата...
Без стимул за Живот... И плам..!

Наясно съм... Познавам самотата...
По пътя на Живота, да си сам...
Безмилостно жестока е борбата...
Усещаш се безчувствен... И обран..!

Наясно съм... Познавам самотата...
Душата си... Чрез нея опознах...
Не искам да се сливам със тълпата...
Животът... В самота избрах.!!!

Калоян Христов
Chris Heart

През Ада...

Повярвах, че Живота е красив...
Постлан със ароматни рози...
Оказа се, че пътя е трънлив...
Към, който се опита да ги гази...

През огъня преминах и горях...
Препъвах се... В жарава лазих...
Влачих се по пътя и кървях...
Създателят... Дори мразих..!

Борих се със студ и мраз...
През бури и мъгли преминах...
Минаваха години, като час...
Животът си понякога... Проклинах..!

Исках да живея в този Свят...
Опитвах се с Любов да го прегърна...
Но всеки път... Попадах в Ад...
Душата от гърдите ми... Изтръгна..!

Адът на земята го видях...
Почти през всичко съм преминал...
По пътя си... Едно разбрах...
Човекът, който бях си е заминал...

Сега съм вече... Друг Човек...
Никого не мразя... Не проклинам...
Разбрал съм, че Живота не е лек...
От Ада... Най-красиво си взимам.!!!

Калоян Христов
Chris Heart

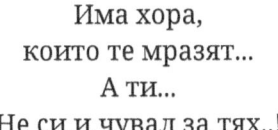

Има хора,
които те мразят...
А ти...
Не си и чувал за тях..!

Калоян Христов
Chris Heart

Мъртъв съм... Умрях...

През Живота си ще срещаш хора...
Които ще те предадат...
Ще си мислиш, че са ти опора...
А Те... Животът ти крадат..!

Ще им вярваш... Ще споделяш...
Сляпо ще се довериш...
Всеки миг ще им отделяш...
А Те ще гледат, как кървиш..!

Ще те галят нежно и омайно...
Ще кипиш... Ще се топиш...
Разкриваш се пред тях... Безкрайно...
А Те се радват, че гориш..!

Накрая... Ще изливат злоба...
Ще те мачкат и винят...
Ти ще искаш да си в гроба...
А Те тогава... Сладко спят..!

Срещат се такива хора...
След тях... Ти просто се рушиш...
Усещаш тежест и умора...
А Те очакват да простиш..!

През Живота срещнах много хора...
До едните съм... До други бях...
За първите съм стимул и опора...
За другите съм Мъртъв... Аз Умрях.!!!

Калоян Христов
Chris Heart

Гняв...

Понякога изпитвам... Гняв...
Към Човешкият... Създател...
Видял е, че сме грешка, и че не е прав...
И ни обръща гръб... Като Предател..!

По-добре да беше ни избил...
Още във началото... На прага...
Но Той, като страхливец се е скрил...
Създал ни е... И после бяга..!

Гневен съм... И ме е Яд...
На Създателя... И на Човека...
Превърнахме Земята в Ад...
А Животът... Кървава пътека.!!!

Калоян Христов
Chris Heart

Истината е,
че няма човек на земята,
който да не може да помогне, на човек
изпаднал в беда...
Но в този Свят, в който всичко е интереси,
малцина ще си мръднат пръста...
Без да виждат някаква изгода.!!!

Калоян Христов
Chris Heart

Не прощавам...

Изхвърлиш ли Душата ми в пустиня...
Сърцето ми ранено да кърви...
Не чакай прошка... Милостиня...
Тръгвай и за мене забрави..!

Не ми се мяркай вече пред очите...
По пътя си предателски... Върви...
Писна ми да нося във плещите...
Ножове забити... И стрели..!

Отивай си..! Към мен не се обръщай...
Не искам да ти чувам и гласа...
При другите иди... И тях прегръщай...
От погледа ти даже се гнуся..!

Страхливец и Предател не забравям...
Забил ли ми е ножа си в гърба...
И никога на този не прощавам..!
Изоставил ме провиснал... От ръба..!

Калоян Христов
Chris Heart

Моят враг и приятел...

Единственият Човек, който може да съсипе или
подобри Живота ми...
Това съм... Аз..!
Най-опасният ми враг...
И най-добрият ми приятел...
Това пак съм... Аз..!
Аз решавам, кого да допусна до себе си...
И Аз решавам, кой и по какъв начин да се
меси...
В Моят Живот...
Това правило важи за абсолютно всеки Човек...
Без изключение...
Не обвинявайте околните за вашите неуспехи
или падения...
След като вие сте допуснали неправилните
хора до себе си и сте им дали правото...
Да направят Живота ви... Труден..!
Това е... Моята - Истина.!!!

Калоян Христов
Chris Heart

Срещнеш ли Душата си... Близнак...

Милиарди са Душите по света...
Търсещи със сродна да се слеят...
С която да споделят любовта...
Обичайки... Красиво да живеят...

Безброй са и Душите по света...
Затворени, подтиснати в телата...
Изпълнени със страх и суета...
Към хората... И всичко на земята..!

Светът ни е препълнен от Души...
Които във вселената се реят...
Гледайки, как всичко се руши...
Понеже да обичат... Не умеят..!

От живота си дотук... Разбрах...
Душата ни е нужно да се слее...
Но срещне ли Душата си... Близнак...
Безкрайно и в отвъдното... Живее.!!!

Калоян Христов
Chris Heart

Някога...

Някога... Загубих своя дом...
По улиците... Безнадеждно скитах...
Молих се за хляб... И за подслон...
Приятели и близки... Всички питах..!

Някога... Мечтаех за легло...
В което да се стопля... Да се свия...
Мечтаех си за душ... И за бельо...
Някъде... От всички да се скрия..!

Понякога си мислех... За смъртта...
„Защо не иска да ме вземе...?"
Останал съм без нищо на света...
На никого за мен... Не ще му дреме..!

Някога... Така живях...
Надявам се... Не ви стъписах...
Жив съм... Тук съм... Оцелях...
И в стихове... Животът си описах.!!!

Калоян Христов
Chris Heart

Не ме е страх от нищо...
И от никого..!
Страхувам се единствено...
От себе си.!!!

Калоян Христов
Chris Heart

Човешката история през моите Очи...

Дух, Душа във празно Тяло...
Някой... Някога събрал...
Смесил ги в едно, да бъдат цяло...
И така... Човекът е създал..!

Разровил се из цялата вселена...
С Живота на Земята го дарил...
Харесала му... Свежа и зелена...
И всичко на Човека поверил..!

Показал му реките, езерата...
Разходил го в гори и планини...
Разкрил му чудесата на Земята
Всички висини... И дълбини..!

Поднесъл му я цялата в краката...
Предложил му вода, храна... Подслон...
Човекът да се грижи за Земята...
Тя да бъде... Негов вечен дом..!

Спуснал там творения... и Раси...
Разпръснал ги по цялата Земя...
Създателят създавал... И украси...
Птици, пеперуди... И цветя..!

Животът на Земята бил разцъфнал...
Човекът се развивал и градил...
Създателя се радвал и усмихвал...
На чудото, което сътворил..!

Но през всичките години и епохи...
Човекът изведнъж се променил...
Започнали нападки и заплахи...
А Създателят..? Разбрал, че е сгрешил..!

Появила се в Човека... Завистта...
След това споходила го... Злоба...
Обзела го внезапно... Алчността...
И за Земята вече бил... Отрова..!

Надигнала се в него... Яростта..
И армии започнал да събира...
Жаден бил Човека... За Властта...
Всичко да заграбва и прибира..!

Навсякъде избухнали... Войни...
По пътя си... Човекът разрушавал...
Земята се превърнала... В Руини...
А създателят му..? „Той само наблюдавал..!"

Природата била пред своя... Крах...
Животните, моретата... Горите...
Земята се обгърнала със прах...
Красотата се изгубила в руините..!

Животът се превърнал... В Ад...
Човекът сеел Смърт... Зараза...
Обзет от Алчността... Настъпил глад...
А Природата..? Изпратила Проказа..!

Над Земята... Властвала Смъртта...
Чума, шарка, тиф... Проказа...
Заравяла Човека във пръстта...
Изпращала му болести... С Омраза..!

Човекът може би..? Изпитал Страх...
И се сетил за Създателя... „За Бога"...
Алчност, Завист, Злоба... Той нарекъл - Грях...
И облякъл... Черно расо - Роба..!

Разминало се някак... Оцелял...
Дали чрез Вярата..? Дали чрез „Бога“..?
Но Той - Човекът... Така и не разбрал...
Че вечно на Земята... Ще остане Робът..!

Изминали години... Векове...
Живеел си Човека... И Слугувал...
Прекланял се пред Папи и Царе...
Направил ги богати... И Робувал..!

И ето Днес... Стоя пред вас...
И не виждам... Никаква промяна...
Алчност, Завист... Мания за Власт...
Злоба, Лицемерие, Лъжи... Измяна..!

Някой, някога... Човекът е създал...
Събрал е Дух, Душа във празно Тяло...
Но късно се усетил... И разбрал...
Че няма как да бъдат... Цяло...

Затова... Създателят решил...
На Човека да не дава всичко...
Дух, Душа и Тяло разделил...
А Любов и Обич... По съвсем мъничко.!!!

Калоян Христов
Chris Heart

Без... Смисъл...

Проклет ли съм на вечна самота..?
Да скитам по Света, като безделник...
Далече от Любов, от Обичта...
Сред хора да живея... Но отшелник..!

Изкупувам ли на някого греха..?
На майка, на баща... На прародител...
Такава ли е моята съдба..?
На грешните животи... Изкупител..!

По този път ли трябва да вървя..?
Това ли е Живота ми кармичен..?
Душата да разкъсвам, да кървя...
На вечна самота да съм обречен..!

До края ли ще бъде все така..?
Ще изкупя ли на всички греховете..?
Или ще трябва да се отрека...
От Обич, от Любов... От Боговете..!

Това е твоят Дар за мен...
Такъв Живот си ми орисал...
Душата ми да страда всеки ден...
Без Обич, без Любов... Без Смисъл.!!!

Калоян Христов
Chris Heart

Нов Живот...

Май дошло е вече време...
Тоз Живот... Да го приключа...
До тук е пълен със проблеми...
Които трябва... Да заключа..!

И ето... Пак съм отначало...
И в тоз Живот не се научих...
Над мен е тъмно... Посивяло...
И с този опит не сполучих..!

Днес се спрях на кръстопът...
Сам сред нищо... В тъмнината...
По кой да тръгна този път..?
По кой ще видя..? Светлината..!

Ще поседна тук... Ще помълча...
От стария Живот да си почина...
Че грешно съм живял си пролича...
И с грешките, тъй бързо си замина..!

От утре ще Живея... Нов Живот...
Оставям се в ръцете на Душата...
Нека Тя избира моя жизнен път...
Нека Тя реши... Каква ми е Съдбата..!

До днес ще кажа... „Аз Живях"...
А утре ще ви кажа... „Аз Живея"..!
От стария Живот едно разбрах...
За себе си забравих... Да милея.!!!

Калоян Христов
Chris Heart

Това не е за теб...

Винаги бъдете себе си..! Дори това да дразни околните... Правете това, което ви доставя удоволствие..! Никой не може да ви даде това, от което имате нужда, освен вие сами на себе си... Не слушайте и не давайте непоискани съвети..! Живейте вашия живот, а не чуждия..! Ако мислите, че правите добро, правете го тихо..! И без това няма да бъде оценено...
Не се оплаквайте..! Това няма да ви помогне, нито ще подобри положението, в което сами сте се поставили... С колкото по-малко хора се обграждате... Толкова по-спокоен и здравословен ще бъде вашия живот...
Избягвайте и да разказвате за себе си..! Хората и без това не ги интересува... Проявявайте себеуважение..! Вашето мнение е много по-важно, отколкото на околните...
Не се подценявайте..! Чувството за малоценност ви прави евтини и уязвими... Научете се, да се усмихвате..! Усмивката прикрива всички ваши слабости и недостатъци... Говорете директно и право в очите... Така ще разберете, кой ви подкрепя... Не съдете никого за неговото поведение и отношение към вас..! Приемете го, това ще ви направи по-силни и уверени...
Ако сте прочели това, не се придържайте към написаното... То се отнася за мен, а не за вас... Вие просто бъдете себе си.!!!

Калоян Христов
Chris Heart

Един чадър...

Когато ме говорят и оплюват...
Когато ножове, забиват ми в гърба...
Душата ми пречистват и лекуват...
Зареждат ме със стимул... За борба..!

От злобните човечета се храня...
В очите им прочитам... Завистта...
И не е нужно даже да се браня...
Те вече си показват... Слабостта..!

Усмихвам се..! И гордо се изправям...
Дори ще им помахам със ръка...
По пътя си спокойно продължавам...
С ножовете... Забити във гърба..!

От слабостите техни се възползвам...
Показват ми, че аз съм по-добър...
Оръжия не трябва да използвам...
Освен за плюнките... Един чадър..!

Калоян Христов
Chris Heart

Синхрон...

Душата ни...
Мислите ни...
Тялото ни...
И действията ни...
Трябва да са в синхрон...
Едва тогава постигаме целите си
и осъществяваме...
Мечтите си.!!!

Калоян Христов
Chris Heart

Аз си избрах...

Избрах си живот в самота...
Избягах от всичко и всеки...
Да скитам навред по света...
По незнайни и пусти пътеки..!

Избрах да живея така...
Безцелно да скитам и бродя...
Загърбих дори Любовта...
Живот на бездомник да водя..!

Избрал съм си този Живот...
И години наред оцелявам...
Предпочетох живота на скот...
Проблемите сам да решавам..!

Избрах да извърна глава...
От всичко... Дори и от Бога...
И не вярвам, че има Съдба...
На Живота и пътя... До гроба.!!!

Калоян Христов
Chris Heart

117

Идентичност...

Ще пиша пак... За пустата съдба...
Която казвате, че тя решава...
Пътят ни, живота... Личността...
Нейна е вината... И е права..!

Нека да помислим над това...
Над таз обширна... Деликатна тема...
Дали..? Животът е съдба...
А изборът е суета... Дилема..!

В живота, по съдба ли си лъжец..?
В живота, по съдба ли си убиец..?
В живота, по съдба ли си крадец..?
В живота, по съдба ли си страхливец..?

Съдбата ли реши..? Да си сирак...
Съдбата ли реши..? Да те оставят...
Пред чуждата врата... Пред някой праг...
Или родителите ти... Така решават..!

В живота, по съдба ли се пропиваш..?
В съдбата ли ти пише, че ще пушиш..?
Съдба ли е..? От рак да се лекуваш...
Съдбата ли решава..? Да се бориш..!

Съдбата ли те среща с хора..?
Които да те мразят и обичат...
Съдба ли е..? Да влезнеш във затвора...
Съдбата ли реши..? Да те потъпчат..!

Съдбата ли решава..? Кой да бъдеш...
Тя ли определя твойта вяра..?
Съдбата ли те кара..? Да излъжеш...
Тя ли определя..? Твойта мяра..!

Съдба ли е..? Животът на земята...
Съдба ли е..? Гладът... Войните...
В съдбата ли им пише..? На децата...
Да бъдат изоставени... Или убити..!

Убедете ме, че всичко е Съдбата...
А Изборът е без значение...
Самоубийство..! С куршум в главата...
На съдбата ли е пак... Решение..!

Съдба ли е..? Животът на земята...
Тя ли те изгражда като личност...
А сивото..? Което е в главата...
Не си ли Ти..? И твойта идентичност.!!!

Калоян Христов
Chris Heart

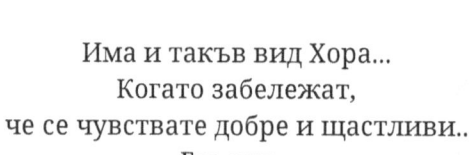

Има и такъв вид Хора...
Когато забележат,
че се чувствате добре и щастливи...
Без тях...
Веднага пристигат..!

Калоян Христов
Chris Heart

Сън или Мечта...

Сънувах ли..? Мечтаех ли..? Не зная...
Как живея... Във вълшебен свят...
С Любов и Обич... Добезкрая...
Без пари... Но бях богат..!

Мечта ли бе..? Или надежда...
От детството ми спомен... Или сън...
Доброто в мен да се процежда...
А след него... Да съм сам навън..!

Сънувал ли съм..? Пътят на Живота...
Или за точно този съм мечтал...
Да скитам вечно по Земята...
Без Любов и Обич... Опознал..!

Сънувах ли..? Или мечтаех...
Живях ли..? Или съществувах...
Със себе си... С Душата ли играех..?
Или на друг угаждах..? И слугувах..!

От днес мечтая да сънувам...
Свят във който... Аз живея...
Там където се вълнувам...
Обичам - Любя... И се смея.!!!

Калоян Христов
Chris Heart

Как се оцелява...

От Живота... Нищо не изтривам...
Съхранявам всичко във Душата...
Дълбоко в себе си складирам...
Мисли, чувства... Сетивата..!

За мен Живота е наука...
Загадка, тайна и дилема...
С един урок... С една поука...
И можеш да решиш проблема..!

Всичко помня... Не изтривам...
И хубаво, и лошо съхранявам...
И често в спомени откривам...
Решение... Когато се съмнявам..!

От миналото нищичко не трия...
Всеки спомен с нещо ми помага...
Как и пред кого да се разкрия...
Или да го държа... На прага..!

От Живота си дотук научих...
Как всеки миг се съхранява...
А на среща си... Урок получих...
Урокът..! Как се Оцелява..!

Калоян Христов
Chris Heart

Странни създания...

Хората сме странни създания..!
Не казваме, какво усещаме...
Крием това, което чувстваме...
Не живеем собствения си живот...
А постоянно се ровим в чуждия...
Губим си времето в хленчене...
Недоволни от всичко и всеки...
Странно същество е Човека...
Неблагодарно и алчно...
Понякога проклина и създателя си, който го е
дарил с Живот, вместо да му Благодари...
Не се научихме, че живота ни е даден да го
изживеем по най-красивия начин..!
Да създаваме... Вместо да рушим...
Да Обичаме... Вместо да мразим...
Да живеем... Преди да умрем...
А след смъртта си, да оставим един по-красив
свят, за тези, които идват след нас...
И че не е важно, колко дълго ще живеем, а
колко дълго ще ни помнят...
След нашето съществуване.!!!

Калоян Христов
Chris Heart

Без нищо...

Аз нямам, какво да загубя...
Без нищо в Света съм дошъл...
Сутрин, когато се будя...
Съм с нови мечти и акъл..!

Нищичко няма да взема...
Когато си тръгна от тук...
За кратко съм... Само разглеждам...
Дори Душата оставям на друг..!

Няма какво и да скрия...
Подарен ми е този Живот...
Всеки Миг е вълшебство... Магия...
Придружен ли е с Обич... С Любов..!

Нищо не пазя..! Не трупам...
Всички вещи са просто боклук...
За пари и имоти не драпам...
Те остават завинаги... Тук..!

Искам..! С Любов да си тръгна...
От тази красива Земя...
С Обич света да прегърна...
Оставил Надежда... Мечта.!!!

Калоян Христов
Chris Heart

Откровен...

Аз съм крайно... Критичен...
Към подлост, завист... Лъжа...
Понякога даже... Себичен...
Към мен... И към мойта Душа..!

Аз съм и крайно... Циничен...
Към алчност, злоба... И гняв...
Понякога твърде... Различен...
Но за себе си... Винаги прав..!

Аз съм спонтанен... Първичен...
Към всеки Приятел... И Враг...
Когато Обичам... Обичам...
Наивен... Но не и глупак..!

Аз съм личност... Нетипична...
С характер груб... И благ...
Преценявам хората... Отлично...
Сто процента... Аз съм Рак..!

Аз съм Дявола... И Бога...
За себе си... И моята Душа...
Не допускам всеки... И не мога...
Моят Свят... Да разруша..!

Това съм Аз... Като вас... Различен....
Пред вас заставам... Откровен...
Без да си въртя... Очите...
Аз съм себе си.... Мен.!!!

Калоян Христов
Chris Heart

Има един основен фактор,
който определя хората около теб...
Отношението им...
Когато си болен...
И когато останеш...
Без пари.!!!

Калоян Христов
Chris Heart

Опитах...

Опитах се... Със този свят да свикна...
Да бъда част... Да го разбирам...
Но как със тази злоба да привикна..?
Лицемерно да се смея... Да позирам...

Опитах се... Душата да подтикна...
Към всеки със Любов да се отнася...
И ето... Друг проблем възникна...
Лицемерие и завист... Не понася..!

Опитах се... Повярвайте... Опитах...
Със хората в тълпата да се слея...
Единствено... Ритниците изпитах...
И с ножове в гърдите си... Живея..!

Опитах в този Свят... Не е за мене...
Свят без Обич... Свят с омраза...
Където всеки паднал на колене...
Разнася завист, злоба... И зараза..!

Опитах се... И се поучих...
В Живота, как да оцелея...
От този Свят... Един урок научих...
Да бъда себе си..! За да живея.!!!

Калоян Христов
Chris Heart

Мехлем...

Аз не намирам мехлем...
За мойте житейски пороци...
Дълго пълзях по корем...
Но не спазвам... Закони и знаци...

Не намирам... Секунда покой...
От това, което си сторих..
Вечно търся... Обратен завой...
И със себе си... Често се боря..!

Не намирам... И миг... Тишина...
Крещят във умът ми... Пороци...
От грешките чувствам... Вина...
Във вид на житейски... Уроци...

И до днес, в мен се води... Война...
Със пороци... Общочовешки...
Изгубих си даже... Съня...
Допускайки... Глупави грешки..!

Може би... Ще дойде деня...
Във който... Мехлем ще открия...
Ще си върна Живота... Съня...
Без пороци и грешки... Да трия.!!!

Калоян Христов
Chris Heart

Дори само един човек
да си спомни за теб...
След твоето съществуване...
Не си живял... Напразно.!!!

Калоян Христов
Chris Heart

Простак...

Опитах се да бъда... Дипломат...
С хората... Нормално да говоря...
Взеха ме за Ку-ку... Психопат...
Да съм ходил при животните... В обора..!

Опитах се да бъда... Делови...
Кротко и спокойно... Обяснявам...
Не ме разбраха... Лафа не върви...
Пратиха ме... Сам да се оправям..!

Подкарах я по Ганьовски... Урсуз...
Само да ги видиш... Как ме зяпат...
Като дети... Невидяло кукуруз...
С отворени усти... Мухите лапат..!

Трудничко ми беше... Но разбрах...
Модата е вече... Да простееш...
Дръж се кат' говедо и простак...
И бързичко... С тълпата ще се слееш..!

От днес съм... Делови Простак...
Животът ме принуди... Да лавирам...
Усмихвам им се леко... Под мустак...
И приказка... Със всеки си намирам.!!!

Калоян Христов
Chris Heart

Изгубен...

Изгубих се... Забравих да живея...
Преследвайки... Безсмислени мечти...
Трудно ми е вече, да се смея...
Замина си Животът ми... Почти..!

Разкъсвах се... На хиляди парчета...
Единствено към целите... Вървях...
Душата ми се скиташе... Проклета...
Ни Обич, ни Любов... Видях..!

Калоян Христов
Chris Heart

Много често хората след като ме опознаят, ме питат:
„След всичко това, как все още се усмихваш..?"
„От къде черпиш сили..?"
„И не само се усмихваш, а се забавляваш и шегуваш от сърце и Душа..."
След тези въпроси, не отговарям...
Просто се усмихвам отново от сърце и Душа...
В такъв момент се чувствам най-щастливият човек на земята...
Усещам, че хората са ме харесали заради това, което съм...
Такъв, какъвто съм и най-вече получавам тяхното уважение...
Ние всички имаме трудни периоди през живота си...
Падаме, страдаме, затваряме се, изолираме се..!
Но идва един такъв момент, в който трябва да продължим, да се изправим, да си дадем сами на себе си Стимул и Кураж...
Аз също съм човек, който е видял не малко през годините...
Никога не съм казвал, че моя живот е най-труден...
На всеки живота му е труден..!
Но имаме право на Избор...
Избор, който ни е направил това, което сме в момента...
Не какво сме били...
Не какво ще бъдем...
А какво сме сега, в този момент...

Радвам се на малките неща..!
Имам големи мечти..!
И разбрах смисъла на поговорката...
„Всяко зло за Добро“
Както казах, просто се усмихвам...
Това ми помага много...
И Аз, като всички изпадам в състоянията, които
описах по горе...
Но това не означава, че съм се предал...
Само сядам, за да си почина и да се събера...
И това много ми е помагало в живота...
Разбрах, че понякога е по добре да оставиш
проблема, отколкото да се заровиш в него...
За мен тази стратегия работи и ме усмихва..!
И ако някой ден ме видите седнал, това не
означава, че съм се предал...
Означава, че си почивам и скоро ще се завърна
усмихнат и щастлив...
Защо ли..?
Защото Аз съм един усмихнат човек, роден с
огромен късмет...
Човек, който е повярвал в себе си...
Човек, който излиза от всяка една трудна
ситуация и може да се усмихва от Сърце и
Душа.!!!

Калоян Христов
Chris Heart

Когато си тръгна...

Искам..! Когато си тръгна...
И полегна в студения... Гроб...
С Душата света да прегърна...
С Обич... И с чиста Любов..!

Искам..! Когато напусна...
Животът и земния Рай...
Душата двободно да пусна...
На длъж и на шир... До безкрай..!

Искам..! Да бъда погребан...
Далече от хорски очи...
Да мога, да чувам и гледам...
С Душата... Светът как звучи..!

Искам... Когато поема...
По пътя безжизнен... Суров...
Най-скъпото с мене да взема...
Душата си... Пълна с Любов..!

Искам..! Свободно да дишам...
Да бъда с Душата... Готов...
И когато последно... Издишам...
Да тръгна изпратен... С Любов.!!!

Калоян Христов
Chris Heart

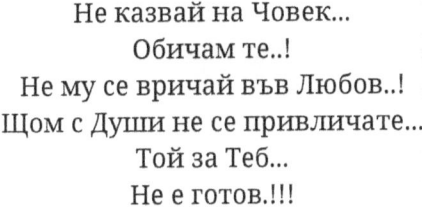

Не казвай на Човек...
Обичам те..!
Не му се вричай във Любов..!
Щом с Души не се привличате...
Той за Теб...
Не е готов.!!!

Калоян Христов
Chris Heart

Аз не мисля, че живях...
Също така, не мисля, че разбирам смисъла на
Живота...
Но съм убеден в едно...
По пътя, който извървях, и продължавам да
вървя...
Промених, променям и ще променям Живота,
на хиляди, дори милиони хора по Света...
Ето... В това намирам смисъл, за моето
съществуване.!!!

Калоян Христов
Chris Heart

Тежки времена...

Тежко се живее... В Свят...
Сред Злоба, Алчност... И Ненавист...
Едва понасям... Този Гняв...
Таз Омраза... Тази Завист..!

Тежко се живее... В този Свят...
Тежки времена... И тежко бреме.!!!

Калоян Христов
Chris Heart

Извинявай...

За живота си... Не ми разказвай..!
Не искам да се ровиш и във моя..!
И правилния път не ми показвай..!
Гледай себе си..! Върви по твоя..!

Грубо ли го казах..? Извинявай..!
Но съвети и насоки не приемам...
Ако искаш ме съди и обвинявай...
Чуждо не желая и не вземам..!

Животът си е мой..! Не те вълнува..!
За твоя не желая и да зная..!
Страдания, болежки не лекувам..!
Във филми не участвам, не играя..!

Груб ли бях отново..? Извинявай..!
Забравил съм какво е... Уважение...
Казах ли ти вече..? Заминавай..!
От друг да търсиш... Съжаление.!!!

Калоян Христов
Chris Heart

Отдавна не плача...

Сълзи от очите ми вече не капят...
Нито от радост... Нито в тъга...
Чувствата мои нищо не значат...
Забравих отдавна, какво е дъга..!

В Душата ми сякаш нещо се счупи...
Пресъхна във мене онази река...
Залостена здраво със дървени трупи...
От очите ми спряха... Сълзи да текат..!

Дълбоко във мене кипи и бушува...
Безспирно се блъска в стената... Страстта...
Удавени чувства в Душата ми плуват...
А очите ми празни... Ни капка сълза..!

Дали се изплакаха вече за всичко..?
Или се събират някъде в мен...
Скрити дълбоко зад малка вратичка...
И чакат момента... И точния ден...

Дали ще облеят лицето ми сухо..?
И пак ще рисуват красива дъга...
От Любов и от страсти отново да бликат...
Искам да плачат, но Не... От тъга.!!!

Калоян Христов
Chris Heart

Животът цениш като злато...
Когато остане... Мъничко...
Готов си да плащаш богато...
Би дал и Душата си... Всичко..!

Калоян Христов
Chris Heart

Тръгвай си...

Тръгваш ли..? „Приятелю“... Тръгни..!
Отивай си... Не ще те спирам...
Себе си аз бях... Помни...
А колкото до тебе... Мисля, че разбирам..!

Тръгвай си... „Приятелю“... Върви...
Не се обръщай... Няма да те моля...
Не очаквай да ти кажа... Спри...
Вече е решено... Твоя воля..!

Тръгвай и не спирай... Продължи...
Преследвай си със друг мечтите...
Не искам оправдания... Лъжи...
Познавам ти добре... Очите..!

Научих си урока и разбрах...
Човекът по природа е предател...
Тръгвай си..! За теб умрях...
Ти никога не си ми бил... „Приятел“.!!!

Калоян Христов
Chris Heart

Това съм... Аз...

Отдавна спрях да давам обяснения...
Вървя и следвам само моя път...
Не налагам и не слушам чужди мнения...
Времето Живот... Е много кът..!

В спорове и драми... Не участвам...
И съветите отхвърлям на мига...
Не искам и над никого да властвам...
Пазя си Душата... И духа..!

Към чуждото не гледам... И не искам...
Това, което имам, го деля...
Не ми се свиди... И не стискам...
Дори и гладен мога да седя..!

Изгода от приятели... Не търся...
Не се възползвам от човек в беда...
Ако аз не мога... Помощ ще потърся...
И на никого не искам да вредя..!

Живея си без завист и без злоба...
Със раните от ножове в гърба...
Не бих сервирал и на враг отрова...
Дори и да ме бутне... От ръба..!

Не търся цяр..! Не отмъщавам..!
Никой не преследвам... Не следя...
Предателство с мълчание наказвам...
Доносникът... От себе си деля..!

Не съм перфектен... Нито идеален...
Не съм за пример пред света...
Понякога съм груб... Дори брутален...
Но не е слабост... Нито суета..!

Това съм Аз..! Спонтанен и първичен...
Може би за някой съм глупак...
Но винаги съм себе си... Различен...
Дори да нямам в джоба си... Петак.!!!

Калоян Христов
Chris Heart

Действай..! Не мрънкай..!

Да осъзнаеш, че си пропилял Живота си до
момента...
Не е постижение..!
Рано или късно, всеки стига до това
заключение...
Постижение е, когато тази осъзнатост започне
да работи в твоя полза и всеки следващ миг,
започнеш да го изживяваш пълноценно...
Осъзнатост, без действие и промяна си е
чисто... Самосъжаление..!
Много хора в днешно време са осъзнали, че
Животът им е бил провал, но единици са тези,
които са предприели никакви действия за
промяна...
Повечето хленчат и се самосъжаляват, до края
на дните си...
Действай..! Не мрънкай..!
Изживей остатъка от своя Живот красиво и
пълноценно...
Не заради друг, а заради... Себе си.!!!

Калоян Христов
Chris Heart

Ако днес си замина...

Ако днес от света си замина...
И приключа със земния път...
Дали ще пристигнат двамина..?
За сбогом... Със моята плът..!

Дали, със сълзи на лицата..?
Ще поставят в земята плътта...
Дали ще се свият сърцата..?
Когато ме скрият... В пръстта..!

Ако днес от света си замина...
И махна за сбогом с Душа...
Дали ще усетят двамина..?
Че мъртъв в земята лежа..!

Едва ли... Едва ли ще има...
Двамина... На тази земя...
Да дойдат, когато замина...
За сбогом... С мойта Душа..!

Ако днес от света си замина...
И приключа със земния път...
Аз зная, че няма... Двамина...
За сбогом... С моята плът.!!!

Калоян Христов
Chris Heart

Емигрант...

Не ме упреквай, че съм тръгнал...
И напуснал... Родната страна...
Защо главата съм извърнал...
Към хляба чужд... И топлина..!

Не ме съди..! За моя избор...
И защо чужбина съм избрал...
Ти си гледал телевизор...
А Аз... По пейките съм спал..!

Знаеш ли, че тук в чужбина...
Сме събрани по съдба...
Но не плюем по Родина...
И по хората в гърба...

Казваш ми, че съм отстъпник...
И Родина съм предал...
Но поне не съм... Престъпник...
И нищичко не съм окрал..!

Защо не плюеш..? Политици...
Не ги псуваш и гълчиш...
Те за мене са мръсници...
Що си траеш..? И мълчиш..!

Колко като мене пращат..?
Пари и дрехи... И храна...
И колко кредити се плащат..?
От чуждата за теб... Страна..!

Съди, ругай и ме оплювай...
Родолюбец си... Но от уста...
Стой наведен и робувай...
На тази измет... На властта..!

А ний ще бачкаме в чужбина...
И ще пращаме пари...
На деца и на роднини...
За които ни боли.!!!

Калоян Христов
Chris Heart

Само... Миг...

За малко си на таз Земя...
За кратко... Много малко...
Само Миг... И той е отлетял...
Животът ти Човеко... Жалко.!!!

Калоян Христов
Chris Heart

Моята Родина...

Където да живея и да скитам...
Дори и да се влача, и да прося...
Българин докрай ще се наричам...
България в Душата си ще нося..!

Българският дух не го убивам...
Името България... Почитам...
От България не се срамувам...
Българин съм, казвам... Без да сричам..!

България е моята родина...
Родината на всичките народи...
Накъдето и да тръгна, и погледна...
Българският дух ме води..!

На всеки по Света... Показвам...
Кой съм, откъде съм... Не отричам...
И който ме попита... Гордо казвам...
България единствено... Обичам..!

Гордея със моята Родина...
Макар, че е в ръце на пехливани...
България е Райската градина...
В Душата ми... Така ще си остане.!!!

Калоян Христов
Chris Heart

Не... Не ме е страх...

От Смъртта ли..? Не, не ме е страх...
От Живота сякаш, по се притеснявам...
През годините живях ли..? Не разбрах...
И защо съм тук..? Не проумявам..!

От Смъртта ли..? Не, не ме е страх...
Тя рано или късно ни застига...
Аз Обичах... Смях се и мечтах...
Но един Живот за всичко... Не ми стига..!

От Смъртта ли..? Не, не ме е страх...
Тя единствено... Телата ни събира...
Превърнати от времето на прах...
Душата... Друго тяло си избира..!

От Смъртта ли..? Не, не ме е страх...
Точно Тя лекува... Не убива...
Прощава ти се, всеки грях...
Спасява те... И грешките изтрива..!

От Смъртта ли..? Не, не ме е страх...
След нея... Никой не умира...
Но за себе си... Едно разбрах...
Душата ни, там някъде... Покой намира.!!!

Калоян Христов
Chris Heart

Има и такива дни...

Има дни... В които не върви...
Всичко срещу тебе се обръща...
Само болката в гърдите ти тежи...
На Душата и се гади... Чак повръща..!

Има дни... Сякаш си умрял...
Тялом, духом... Без надежда...
Пътят ти, по който си вървял...
Никъде не те отвежда..!

Има дни... В които си оставаш сам...
Безпомощен... Изгубил си опора...
Нямаш стимул... Нито плам...
Налегнала те тягостна умора..!

Има дни... В които си живял...
Безсилен... Във ръцете на съдбата...
Безсмислено си вярвал и мечтал...
Че има справедливост на земята..!

Има дни... В които казваш стоп...
Край, приключих... Тук оставам...
Но животът ти препуска във галоп...
Усмихва се и казва... „Силно се съмнявам.!!!"

Калоян Христов
Chris Heart

Човекът... „Мъдрец и Светец“...

Ако бях умен... Щях да съм успял...
Ако бях хитър... Щях да съм богат...
Аз не съм нито едно от двете...
Но от живота, който водих до този момент съм
разбрал, че всяка мъдра мисъл е осъзната
грешка, престъпление или грях...
Мъдростта не е дарба, човек не се ражда
мъдър...
Мъдростта е осъзнат житейски опит,
съвкупност от грешки, изпитания, загуби и
победи...
Всеки един човек, в един момент от живота си,
започва да осъзнава, кое е правилно и кое е
грешно въз основа на пътя, по който е избрал
да върви...
Когато се върна назад във времето, прочитайки
философията на древните „Мъдреци“, не
откривам нищо ново...
Във всеки един период от време и във всяка
една точка на света, откривам мъдростта на
времето, на живота, предавана от човек на
човек, от уста на уста...
Разликата е там, че много малко осъзнати хора,
са имали и имат смелостта да изкажат или
покажат на света, своята гледна точка за
живота, изхождайки от опита си...
Колкото повече живееш, толкова повече опит и
знания натрупваш, както казах малко по-
нагоре, грешки, падения, възходи, дори
грехове...
Мое мнение е, без да искам да го налагам, на

когото и да било е, че дори 10-те „Божи"
заповеди, също са проговорила човешка съвест,
осъзнатост, изпитване на вина...
Всяка една „Божа" заповед е опит, човекът да
прикрие своите недостатъци, пороци и грехове,
вярвайки, че по този начин ще му олекне...
Мъдростта е признаване на грехове и
манипулация, с една единствена цел...
Хвърляне на прах в очите на хора, които все
още не са осъзнали същността на собствения
си живот и не са опознали себе си...
Днес човек има достъп до всякаква
информация, и може да я разпространява така,
че да достигне до всеки един от нас, от древни
Мъдреци – Учители до настоящи...
(РАЗПРОСТРАНИТЕЛИ)...
Това че ежедневно четем и сме заляти с цитати
и сентенции на определени хора, не означава,
че сме осъзнати и помъдряли...
Означава, че се припознаваме в техните
допуснати грешки, които те са имали
смелостта да признаят, не само пред себе си, а и
пред Света, опитвайки се да изчистят
омърсената си съвест...
Не бъркайте Мъдрец със Светец, те нямат нищо
общо...
Не се заблуждавайте, че Мъдростта е
Праведност...
Това са признати грехове, в които се
припознава всеки един от нас..!
Не случайно е написана и фразата...
„Признат Грях... Не е Грях"
Живейте така, както ви харесва, и както ще се
чувствате добре и пълноценни за самите вас...

Никой не е „Светец"..!
Но всеки по пътя на Живота си се превръща в
„Мъдрец"...
Всеки Човек е Мъдрец на собствения си
Живот..!
Няма Съдба..! Има Избор..!
Затова, много трябва да внимаваш, какви
избори правиш по жизнения път, по който
вървиш...
Едно е ясно, че ти си човешко същество, и
колкото и мъдрост да натрупаш, няма да се
превърнеш във... „Светец"...

Калоян Христов
Chris Heart

Време е...

Време е... Вратата да затворя...
Мисля, че внимателно почистих...
Безсмислено е... Няма да говоря...
След като видях... И се замислих..!

Време е... Да кажа сбогом...
На „Приятели" и „Близки"...
Не мога повече..! Не мога..!
В краката ви... Да падам ниско.!!!

Калоян Христов
Chris Heart

Най-големият проблем на човека е,
че отделя повече време за печелене на пари...
Без да осъзнава, че губи най-ценното...
Живота си.!!!

Калоян Христов
Chris Heart

Невидим...

Невидимо сред хората живях...
Невидимо... Но бях в тълпата...
Невидимо сред всичките вървях...
Невидим, като скитник на Земята..!

Невидим... И забравен бях...
Невидим за приятели и близки...
Невидимо по улиците спях...
Невидимо се храних със огризки..!

Невидим боледувах... И кървях...
Невидим... Пред очите ви умирах...
Невидимо... По чудо оцелях...
Невидимите пътища... Намирах..!

Невидим през годините... Живях...
Невидимо за всички... Съществувам...
Невидимият..! Скитникът..! Това съм Аз..!
Невидимо... Душите ви лекувам.!!!

Калоян Христов
Chris Heart

По пътя на Живота...

Накъде ли да тръгна..? Не зная...
На Живота по пътя вървя...
И с него... Аз често играя...
Понякога даже кървя..!

Избирам си цел и посока...
Преследвам си своя... Мечта...
Когато сбъркам, си вземам урока...
Но се случва... И пак да сгреша..!

Към кого да погледна..? Не зная...
Всеки бърза и гони мечта...
Със Живота на друг не играя...
Търся мойта Любов... Обичта..!

За кого е Съдбата..? Не зная...
Щом пътя избирам си сам...
И допускам, когото желая...
Да потърси в Душата ми... Храм..!

Докога ли ще скитам..? Не зная...
На къде ли изобщо вървя..?
Ще се срещна ли с нея накрая..?
Или без Обич и сам ще умра..?

Живея..! Тъй както си зная...
Съществувам..! Тук пред Света...
Живота ще боря до Края...
И с Любов ще посрещна... Смъртта.!!!

Калоян Христов
Chris Heart

Прах...

Когато се сбогувам със Света...
И Живота на Земята ми приключи...
Изгорете ме... Пръснете ми прахта...
Не искам във ковчег да съм заключен..!

Не идвайте на гроба ми с цветя...
И свещите не си хабете...
Елате със изчистена Душа...
И моята... Така я изпратете..!

Не ме затваряйте в сандък...
Пирони върху мене не ковете...
Поставете ми прахта на кръстопът...
И във всичките посоки я пръснете..!

За мен смъртта... Не е палач...
Когато тръгна... Не скърбете...
Не искам рев, сълзи и плач...
С усмивка и Любов ме изпратете..!

Калоян Христов
Chris Heart

Прекалено много Хора не постигат целите си
и не осъществяват мечтите си...
Понеже са подвластни на страховете си..!

Калоян Христов
Chris Heart

СЪДЪРЖАНИЕ

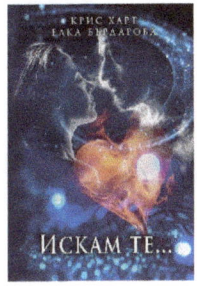 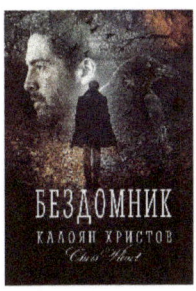

Следва

продължение...

Бездомник
Автор: Калоян Христов (Крис Харт)
Вътрешно оформление и предпечат: Елка Бърдарова
Графичен дизайн корица: Frina Art
Илюстрации: Калоян Христов, www.canva.com
Първо издание 2025
Издателство и печат: lulu.com
ISBN 978-1-300-60627-7